Vivir con serenidad
365 CONSEJOS

Vivir con serenidad

365 CONSEJOS

Patricia Ramírez Loeffler

Grijalbo

Papel certificado por el Forest Stewardship Council®

MIXTO
Papel procedente de
fuentes responsables
FSC
www.fsc.org   FSC® C117695

Penguin
Random House
Grupo Editorial

Primera edición: noviembre de 2022
Primera reimpresión: noviembre de 2022

© 2022, Patricia Ramírez Loeffler
© 2022, Penguin Random House Grupo Editorial, S. A. U.
Travessera de Gràcia, 47-49. 08021 Barcelona
Maquetación y diseño del interior de Jorge Penny

Printed in Spain – Impreso en España

ISBN: 978-84-253-6221-7
Depósito legal: B-16.689-2022

Compuesto en Pleca Digital, S. L. U.

Impreso en Gómez Aparicio, S. L.
Casarrubuelos, Madrid

GR 6 2 2 1 7

Queridos hijos, Carmen y Pablo,
y queridas niñas, Andrea y Ale,
os deseo serenidad.
Os deseo una vida serena, en la que,
en los momentos revueltos,
me busquéis, me encontréis
y pueda ser vuestro apoyo incondicional
y un rincón donde hallar la paz

Y a ti, amor,
somos afortunados
porque hemos encontrado
esa vida serena caminando de la mano

ÍNDICE

Introducción

—¿Tú qué quieres?

—Quiero vivir con serenidad. No busco ser feliz.

La felicidad no es una farmacia abierta las veinticuatro horas. La felicidad es un estado, a ratos una emoción, pero no es algo estable. Yo busco una estabilidad que me permita vivir siendo yo, con momentos de bienestar y momentos más apagados. Yo quiero vivir el abanico de emociones, quiero sentir. Porque sentir es estar vivo. Pero quiero hacerlo desde ese plano culmen en la vida, que para mí es la serenidad.

La serenidad es la dote de boda que todos deberíamos tener al comprometernos y casarnos con la vida. No me gustan los tatuajes, pero si tuviera que elegir una palabra para llevarla en mi piel toda la vida, sería «serenidad». Yo he elevado la serenidad a algo más que una palabra del diccionario RAE, para mí se ha convertido en algo más que el oro olímpico de las emociones. La serenidad es el camino, es una filosofía, es mi forma de ser y estar en el mundo.

Durante muchos años no tuve serenidad en mi vida. Podría echarles la culpa a mis circunstancias, a la mala suerte, a la parte injusta de la vida que me ha tocado vivir en muchas ocasiones. Pero lo cierto es que carecía de recursos para afrontar todo lo que vivía desde ese estado sereno al que creo que solo podemos acceder después de mucho entrenamiento. No tuve una infancia ni una adolescencia serenas, más bien fueron tiempos revueltos, tristes, dolorosos, con momentos gloriosos también, por supuesto. Pero las recuerdo como una balanza inclinada hacia el dolor. En aquel momento no estaban normalizadas la psicología ni el amor por la salud mental y el bienestar emocional. Cada cual hacía lo que podía. En mi juventud y los años universitarios todo comenzó a cambiar. Lo primero que aprendí en la universidad es que yo era capaz, válida, inteligente y poderosa. Y entonces empezó a bullir el cambio. El gusano estaba dentro del capullo y la mariposa quería echar a volar.

Los primeros años de profesión fueron intensos, inciertos, duros. Como los inicios de cualquier autónomo. Me sobraba ilusión y me faltaba estabilidad. Y cuando estaba medio asentada, la vida decidió que era demasiado feliz para ser cierto y necesitaba un bofetón que me recordara que mi estado natural, desde pequeña, era la angustia y el dolor. Y ahí volví, como quien despierta de un sueño precioso y se encuentra con su triste realidad. Fueron años muy duros, de trabajo, de dolor, de no tener tiempo para llorar la pérdida porque no podía permitirme el lujo de parar. Años en los que tomé conciencia del valor incalculable de la amistad. En esos momentos nos damos cuenta de que la amistad es un tesoro. El mío era un tesoro de los gordos y de por vida. Y yo, tras ocho años ejerciendo mi profesión, seguía sin tener serenidad. Sentía que la vida me negaba aquello que tanto anhelaba. La serenidad, la estabilidad, el amor romántico, ese que dura toda la vida.

Trabajaba mucho, muchísimo. Me volcaba en mi hija. Lo llevaba todo adelante. Buscaba para mi hija la seguridad económica que tanto me preocupaba. Tomé decisiones sentimentales poco acertadas, pero las equivocaciones a veces también nos hacen los mejores regalos de nuestra vida y a la mía llegó mi Pablo del alma. Pero yo continuaba viviendo con muy poca serenidad, continuaba corriendo, enfadada con la vida, resentida con las personas que debían protegerme, ayudarme, y que me habían fallado. Me sentía injustamente tratada porque no tenía a mi lado un amor que compartiera conmigo lo que yo anhelaba. ¿Por qué a mí? No sé la de veces que me he hecho esta pregunta a lo largo de treinta y muchos años.

Y de repente, como quien no quiere la cosa, cae en mis manos, literalmente en mis manos, *La trampa de la felicidad* y se convierte en mi Biblia, mi libro sagrado. Y con Russ Harris, su autor, se abre ante mí un universo paralelo, no solo a nivel profesional, sobre todo, a nivel personal. Mi mundo cambia, encuentro un segundo tesoro, valiosísimo para siempre: la serenidad.

Una de mis mejores amigas, Beatriz Muñoz –la que me regaló *La trampa de la felicidad*–, instructora de *mindfulness*, psicóloga y autora del libro *Mindfulness funciona*, estaba en aquellos momentos, sería el año 2005, formándose en *mindfulness*, meditación y terapias de tercera generación. Beatriz es, para mí, una lumbrera: inteligente, visionaria, tremendamente especial. Leí el libro y hubo un antes y un después en mi vida. A partir de aquel momento me inicié en una serie de formaciones autodidactas: leer, leer, leer más y empezar a poner lo aprendido en práctica. No solo con mis pacientes, también conmigo misma. Y todo cambió. Yo era otra persona, otra madre, otra psicóloga. A mi vida llegaron la meditación, la aceptación, el perdón, el dejar estar lo no controlable, y se quedaron. Se quedaron para siempre.

Y siguen conmigo. Fieles compañeros. Cierto es que partía con alguna ventaja, porque en mi mochila personal ya contaba con mi capacidad de organización y planificación. También con mi manera fácil de ser y vivir. Contaba con sentido del humor y una baja vulnerabilidad a la ansiedad que creo que traigo de serie. Contaba con muchos ases que aprendí de mi profesión. Pero el momento Russ Harris cambió mi vida. Apareció una nueva filosofía de vida. Entendí lo importante, encontré un sentido más profundo a todo y me facilité la vida todavía más. Relativicé, prioricé, bajé y regulé mi ritmo interno. Y al séptimo día descansé y, sobre todo, disfruté.

Ahora no importa si la vida golpea. Bueno, sí, sí importa. Pero no me revuelve como antes. Ahora sé qué límites poner, lo que quiero y lo que no. Sé qué ritmo quiero tener, sé lo que de verdad es importante en mi vida. Ahora sé afrontar las dificultades de otra manera. Sé qué batallas quiero librar y a cuáles deseo renunciar. Sé separar el grano de la paja.

Son muchos años de experiencia profesional y de trabajo personal. Y me quedan muchos aún de seguir practicando. Porque en el momento en que nos despistamos, la prisa, la exigencia o el control se vuelven a apoderar de nosotros. Ahora tengo a mis enemigos emocionales muy localizados, los reconozco hasta de reojo. Hay entes a los que es mejor no dejarles la puerta entreabierta, porque a la que quieres darte cuenta se han vuelto a colar en tu casa y te han puesto la vida patas arriba.

En *Vivir con serenidad* te invito a adentrarte en esta vida de sosiego. Una vida, en la que seguirás teniendo problemas, conflictos, momentos de placer y de dolor, responsabilidades y todo aquello que conlleva una vida, pero quizá, después de leer el libro y poner en práctica lo que te propongo, podrás vivir todos esos momentos desde un estado más contemplativo, menos intenso, más *flow*, más sereno. Desde un lugar en el que todo se percibe en otra dimensión.

Como suelo aconsejar en todos mis libros, no trates de poner en práctica muchas cosas a la vez. Elige un consejo, trabájalo, date tiempo y, cuando creas que se ha convertido en un hábito, ve por el siguiente paso. No quieras comerte todo el pastel de golpe porque tendrás una indigestión. Haz honor a la palabra «serenidad» y ve pasito a pasito…, d e s p a c i t o.

Lo que he escrito aquí funciona. Está basado en el respaldo científico que proporciona la psicología. Yo solo trato de acercártelo de manera sencilla y cómoda para que el cambio te cueste menos esfuerzo y te motive.

Y sí, yo lo he probado y lo practico con regularidad en mi vida. Si eres un seguidor habitual de mis redes o libros, sabrás que soy una persona honesta y coherente con lo que predico. Si hoy tengo una vida serena se lo debo a este tipo de prácticas que he incorporado a mi vida.

Gracias, lectores, por vuestra lealtad y vuestro amor a mi trabajo. Si sigo escribiendo es por vosotros.

SIENTE CON SERENIDAD

1. Dale un respiro a tu cuerpo

Tu cuerpo es tu templo. En él habitan tus órganos y también tus emociones y tus pensamientos. Todo sucede dentro de tu cuerpo. A veces rápido, sin que te des cuenta, como cuando te sobreviene un síntoma de ansiedad. Otras veces despacio, como cuando te aburres y percibes que el tiempo no pasa.

El cuerpo sufre, siente, percibe, recibe, protege, reacciona. El cuerpo responde a todo lo que piensas y sientes. Una mente que siente miedo y un cuerpo que reacciona con ansiedad son los disparadores de los trastornos psicosomáticos: cefaleas, problemas digestivos, chirriar de dientes, tensión muscular, adormecimiento de manos o piernas, caída del cabello...

Y, al contrario, una mente serena ayuda a que el cuerpo se sienta relajado.

Escuchar el cuerpo es importante. Nos da señales continuamente si estamos sobrepasados. Pero no siempre las escuchamos. Permitimos que sufra y aguante. Lo exponemos al cansancio, al dolor. Lo lesionamos, lo estiramos como si fuera un chicle. Pero hasta el cuerpo más flexible llega un momento en que se rompe.

En este apartado te invito a practicar ejercicios que ayudan a relajar el sistema nervioso simpático, responsable, en gran parte, de la respuesta de ansiedad. Ejercicios que transforman la amígdala y que, con una práctica continuada y regular, incluso modifican estructuralmente el cerebro. Con ellos podrás enfocarte, serenar la mente, fomentar la quietud, conectar contigo y escucharte.

RELAJA LOS MÚSCULOS

La relajación muscular de Jacobson es cómoda, fácil de practicar y efectiva. Se trata de tensar y relajar los grupos musculares. Tensas durante unos segundos un grupo muscular y luego relajas, y así vas pasando todos ellos. Puedes empezar por los pies y subir hasta la cabeza, o ir de arriba abajo, de la cabeza a los pies.

La respuesta de relajación es antagonista de la tensión. Las personas con ansiedad sufren contracturas, temblores, rigidez y les cuesta conciliar el sueño. Esta técnica persigue relajar los músculos para que sientas un estado de pesadez y bienestar que te ayude a conciliar el sueño y a tener un descanso reparador. Y, a la vez, te permitirá relajar la musculatura y desactivar la respuesta de ansiedad.

- ¿No te gustaría levantarte por la mañana y sentir que has descansado, que tienes las pilas recargadas?
- ¿No te gustaría por la mañana sentirte vital? La sensación de vitalidad ayuda a tener mejor humor.

Si te animas a practicar esta técnica y prefieres hacerlo de forma guiada, tienes un ejercicio en un vídeo en mi canal de YouTube Patri Psicóloga. Puedes hacerlo sentado o tumbado, con luz o a oscuras, con los ojos cerrados o abiertos. Tú eliges. Busca un sitio cómodo en el que no te molesten y desconecta de todo. Se trata de que tengas un momento para ti y lo disfrutes.

MEDITA

Meditar implica poner el foco de atención en una sola actividad, por ejemplo, la respiración. Sus beneficios son: mayor concentración, más conexión con el presente, menos distracciones, mayor disfrute, paz mental, serenidad, mejor calidad del sueño, disminución de la irritabilidad.

Practicar la meditación de forma regular te vuelve más consciente de lo que pasa a tu alrededor. Se ha demostrado que incluso mejora la empatía.

Si deseas empezar a meditar, ten en cuenta lo siguiente:

- **Convéncete de la importancia de meditar**, la evidencia científica es muy convincente. Para tener más información sobre este tema, te sugiero la lectura del libro *El cerebro de Buda*, de Rick Hanson.
- **Dedica todos los días un rato a meditar**, aunque solo sean minutos. Puedes escuchar las prácticas guiadas de instructores en *mindfulness*, como @belencolomina, en Instagram, @yolandacuay, en su web <yolandacuevas.es> o Beatriz Muñoz, en <mindfulnessgranada.es>.
- **Sigue una rutina diaria**, por ejemplo, meditar siempre a la misma hora.
- **Meditar requiere mucha paciencia**; al principio no es fácil estar atento y concentrado.
- **Meditación y compasión van de la mano.** No te enfades contigo si te distraes o no te concentras, es lo más normal. No hay una manera correcta ni incorrecta de meditar. Permítete esas distracciones y, cuando puedas, vuelve a conectarte con la práctica que estás realizando.

MEDITA CON LO QUE TE RODEA

MEDITA CON UN OBJETO

Siéntate delante de un objeto que te inspire serenidad, como puede ser una vela o un objeto de decoración bonito. Obsérvalo durante unos segundos hasta que se desenfoque el fondo, como si tú solo enfocaras el objeto. A continuación cierra los ojos y visualiza ese objeto en tu mente. Mantén esa imagen durante unos segundos. Y luego repite esta misma operación varias veces: ojos abiertos, mirar objeto, cerrar los ojos, observarlo en tu mente. Empieza con periodos de unos diez segundos y ve aumentándolos con la práctica diaria.

MEDITA OBSERVANDO TU CUERPO

Siéntate cómodo, pero atento, es decir, no adoptes una postura en la que puedas quedarte dormido. Y, con los ojos cerrados, ve recorriendo tu cuerpo, de arriba abajo o de abajo arriba, y observa cómo está cada una de sus partes.

¿Están relajados tus músculos? ¿Respiras despacio? ¿Qué temperatura tiene tu cuerpo? No juzgues si estás tenso o relajado, no te obligues a sentir ninguna sensación. Solo observa y respira. Recorre así todo tu cuerpo.

RESPIRA CON EL DIAFRAGMA

Saber respirar de forma adecuada cuando estás nervioso es importante. Al igual que lo es conocer la respiración diafragmática, que nos ayuda a relajarnos y serenarnos.

Aprender a respirar con el diafragma requiere entrenamiento, como todo en la vida. Para empezar:

- Túmbate en un lugar cómodo.
- Pon la mano derecha sobre la zona abdominal y la izquierda sobre el pecho.
- Siente qué parte del cuerpo se eleva cuando respiras.
- La finalidad es que la mano que se encuentra sobre el pecho se mueva lo menos posible y que sea tu zona abdominal la que se eleve, se expanda y a la que le llegue el aire de la inhalación. Trata de que, al tomar aire de forma profunda, este baje y llene la zona abdominal, la zona del diafragma. Luego sigue cogiendo aire y llénate los pulmones.
- Por último, expulsa el aire lentamente.

No te agobies si no te sale perfecto, poco a poco adquirirás práctica.

Este tipo de respiración te ayudará a relajarte. Cuando tengas la habilidad de respirar con el diafragma, podrás hacerlo en cualquier lugar y regular así tu nivel de activación. Yo la utilizo sobre todo cuando voy al dentista: me recuesto en el sillón, empiezo a respirar profundamente y consigo estar relajada mientras dura la limpieza, que no es dolorosa pero sí incómoda.

ADOPTA UNA POSTURA RELAJADA

Una persona con ansiedad suele tener mayor tensión muscular que otra que se siente relajada. Nuestro sistema nervioso simpático ordena al cerebro tensar los músculos cuando estamos nerviosos porque eso nos permitiría huir o luchar en caso de necesitarlo. Por este mismo motivo las personas con ansiedad suelen sujetar algunos objetos con demasiada fuerza, el volante, por ejemplo, o tensar la mandíbula por la noche, lo que desgasta los dientes.

La información propioceptiva es la que va desde los músculos y nervios hasta el cerebro e informa de cómo nos encontramos y del significado de nuestra postura, de manera que el cerebro interpreta: «Si los músculos están relajados es que debo sentirme así, relajado».

Al igual que cuando percibimos una amenaza el cuerpo se tensa, si realizamos la misma operación en sentido inverso, es decir, si relajamos intencionadamente la musculatura, el cerebro gestionará el sistema nervioso relajándolo. Adoptar una postura relajada, relajar los músculos de la cara, hombros, abdomen, brazos y piernas, ayuda al cerebro a sentirse seguro y sereno.

Dos o tres veces al día, trata de tomar conciencia, solo durante un minuto, de qué tensiones musculares hay en tu cuerpo, y si percibes tensión muscular, relaja, suelta. Puedes hacerlo estando de pie, sentado o recostado. Repasa mentalmente tu cuerpo y trata de relajar los músculos que estén tensos.

VISUALÍZATE RELAJADO Y SERENO

De la visualización vamos a hablar varias veces a lo largo del libro, porque visualizar tiene un poder inmenso para nuestra mente. Cada vez que visualizamos, es decir, vemos en nuestra mente imágenes de nosotros mismos, de lo que sentimos o de cómo actuamos, nuestro cerebro toma esos momentos como reales. Si el cerebro se cree lo que ve en la mente, hagámosle ver lo relajado que se puede sentir.

Visualizar es un ejercicio muy sencillo y reconfortante.

- **Busca un lugar** en el que no te vayan a molestar.
- **Siéntate de forma cómoda.** También puedes realizar el ejercicio tumbado, pero no te quedes dormido. Dormido no se visualiza nada.
- **Imagina un lugar en el que te sientas a gusto**, relajado, en el que tengas quietud. ¿Qué temperatura hace? ¿Estás solo o acompañado? ¿Es de día o de noche? ¿Oyes sonidos, música, tumulto o estás en silencio?
- **Toma conciencia** de cómo te vas sintiendo en ese lugar.

Nuestro cuerpo y nuestra mente se transforman a medida que visualizamos. El cuerpo se va sintiendo en consonancia con lo que visualiza y el cerebro se va metiendo dentro de la escena, la está viviendo, la está integrando y la está sintiendo.

Si el momento ha sido reconfortante, recuerda que puedes volver a visualizar este lugar o cualquier otro que te haga sentir de la misma manera cada vez que lo desees.

PRACTICA *MINDFULNESS*

La práctica del *mindfulness*, entendido como la atención plena, tiene como objetivo mejorar la calidad de vida de las personas. La rapidez, la prisa y el ritmo acelerado en que vivimos suelen proceder del hecho de que prestamos atención a un lugar equivocado. Podemos entrenar nuestra mente para dirigirla hacia aquello que fomenta nuestro bienestar emocional.

Está aceptado que el *mindfulness* es beneficioso para la salud en general y, en especial, para la salud mental, ya que:

- Alivia el estrés.
- Ayuda a manejar el dolor.
- Mejora patrones del sueño.
- Está muy recomendado como terapia complementaria en el tratamiento de la depresión.
- Mejora funciones cognitivas como la atención, la concentración y la memoria.
- Interviene en la regulación de los neurotransmisores.

Mindfulness es una filosofía de vida que permite volver a una zona de regulación emocional. Consiste en vivir en el presente aprendiendo a poner distancia con el pasado y con el futuro. En definitiva, la práctica continuada de este método ayuda a vivir con mucha más serenidad.

Si deseas disfrutar de todos sus beneficios, puedes leer el libro de Beatriz Muñoz *Mindfulness funciona*, o cualquiera de las obras de Kabat-Zinn, padre del *mindfulness*.

SOLO OBSERVA Y RESPIRA

Te propongo un ejercicio muy sencillo. Solo tienes que parar durante un par de minutos, sentarte, observar y tomar conciencia de que estás respirando. Ni siquiera tienes que modificar tu patrón de respiración, solo tener quietud, observar qué está ocurriendo a tu alrededor y sentir cómo respiras. Nada más.

Este ejercicio tiene dos ventajas:

1) **La primera, el hecho de parar.** El simple hecho de parar relaja, ya que informa a tu mente de que no hay prisa, no hay ninguna urgencia, no tienes que apagar ningún fuego, y eso permite bajar nuestro nivel de actividad física y cognitiva.

2) **En segundo lugar, el autocuidado.** Tomarte pequeños descansos para ti mismo es respetar tus necesidades de desconexión y descanso. Funcionamos mucho mejor a nivel cognitivo cuando nos permitimos un momento de relajación entre tarea y tarea. Uno o dos minutos nos ayudan a soltar y coger, y a conectar con nosotros.

Es muy sencillo: para, observa, respira.

Y si puedes darte el gusto de parar un rato más largo, como el que te tomas para saborear un café a solas, mejor que mejor. Pero un café en el que no te acompañe ni la tecnología ni pensamientos anticipatorios de la próxima tarea. Se trata de un café para observar quién pasa por la calle, sentir la temperatura del café, la de la taza cuando tus manos la abrazan, el intenso sabor... De esta manera también estás entrenando tu atención plena.

ABÚRRETE

Aburrirnos nos da sosiego. Quizá estés pensando que cada vez que te aburres te estresas porque tienes la sensación de perder el tiempo, pero, espera, que te explico.

Se ha descubierto que «no hacer nada» estimula el cerebro y eso le proporciona un beneficio. Bharat Biswal, miembro del colegio de médicos de Wisconsin, durante una investigación con resonancia magnética, pidió a los participantes que no hicieran nada, que solo se aburrieran. Sus estudios y todos los posteriores arrojan conclusiones muy interesantes sobre el aburrimiento, que lejos de ser aburrido, es muy estimulante.

Resulta que no somos la única especie animal que se aburre. Así que, al igual que las emociones, el aburrimiento debe de tener alguna función. ¿Para qué sirve? El aburrimiento es un factor motivacional. Nadie se las ingenia para realizar algo distinto sin un estímulo que excite su curiosidad. El aburrimiento es un motor que le dice a tu mente: «Haz algo, estás aburrido, ¿no te das cuenta?».

Eso sí, no confundas momentos de aburrimiento con pobreza de motivación y estimulación como estilo de vida.

- Camina descalzo.
- Dúchate con atención plena.
- Haz estiramientos.
- Concéntrate en tu respiración cuando hagas deporte.
- Trabaja la fuerza y siente la tensión de tu cuerpo.
- Respira.
- Date un masaje.
- Deja que te acaricien y te hagan cosquillas.
- Besa con ganas.
- Practica yoga, pilates, taichí.
- _____
- _____
- _____
- _____
- _____

Haz una lista con todas las actividades que se te ocurran que te ayuden a conectar con tu cuerpo, a conocerlo mejor y a disfrutar más de él.

2. Emociones: el arte de sentir

Sentir es un arte y hay quien «malsiente», no porque existan emociones buenas y emociones malas, sino porque al no saber reconocer, aceptar, dejar estar y gestionar sus emociones, sufre de manera innecesaria.

Si te han vendido que la finalidad de esta vida es alcanzar la felicidad, te han mentido. Este es uno de los grandes motivos por los que la gente es infeliz, porque no consigue alcanzar una meta imposible.

Existe un abanico amplísimo de emociones y sentimientos. Disfrutamos de algunos de ellos y otros los sentimos con malestar. Pero todos nos dan información valiosísima sobre lo que acontece fuera y dentro de nosotros. Y si aprendemos a escuchar y gestionar de forma adecuada lo que percibimos y sentimos, viviremos con mayor plenitud, ya que atenderemos a nuestras necesidades.

No huyas de tus emociones, no te avergüences de lo que sientes, no las disimules ni trates de controlarlas. Aprende a comprenderlas, escucharlas y aceptarlas.

Adentrémonos en el mundo del bien sentir para vivir con mayor serenidad.

APRENDE A RECONOCER Y NOMBRAR TUS EMOCIONES

Aprendamos a reconocer, nombrar y dejar estar a nuestras emociones. Así, sin más exigencia que esa. Con este ejercicio solo buscamos el autoconocimiento.

PASO 1

Cuando te encuentres en un estado emocional, ya sea incómodo o agradable, párate a darle nombre. «Lo que estoy sintiendo es envidia», «Lo que estoy sintiendo son celos», «Siento nostalgia», «Lo que siento es ilusión».

PASO 2

Siéntate y observa cómo se comporta esa emoción en tu cuerpo y en tu mente. ¿Tienes ganas de llorar, de tirar una figura de porcelana contra la pared, de comer más, de abrazar a alguien hasta el infinito?

Recuerda: que tengas ganas de hacerlo no significa que tengas que hacerlo.

PASO 3

Acepta lo que te está pasando, sin juzgarte. En lugar de «Soy una envidiosa» puedes pensar: «Es una emoción normal, me encanta lo natural y risueña que es esa mujer y me gustaría parecerme a ella, no hay más».

RÍE

Son muchos los beneficios de tomarse la vida con humor y reír. Muchas personas dicen que no tienen la risa fácil, pero siempre podemos acudir a fuentes cómicas que nos despierten el lado irrisorio. Proponte como terapia dedicar unos minutos a la semana a las comedias, literatura, chistes, monólogos, memes, personajes en las redes sociales que puedan despertarte unas risas.

Entre las ventajas de reír y de sacar tu lado humorístico están:

- **La risa libera endorfinas**, nuestra droga natural de la felicidad.
- **Reír es una respuesta antagonista de la ansiedad**, ya que relaja la musculatura. ¿Recuerdas lo a gusto que te quedas cada vez que te ríes a carcajadas?
- **El humor y la risa ayudan a relativizar**, de modo que nos enfrentamos a los problemas con menos miedo, más creatividad y con un estado emocional que nos permite buscar soluciones. Así podemos afrontar los problemas desde otra perspectiva.
- **La risa mejora nuestro sistema inmunológico.** Las personas deprimidas y ansiosas pueden tener un sistema inmunológico más debilitado y acatarrarse más, coger más infecciones y otras enfermedades.
- **Reír reduce los niveles de dolor.** Después de una sesión de risoterapia muchas personas dicen sentir alivio en su dolor crónico.
- **La risa favorece las relaciones de pareja.** Uno de los mayores atractivos a la hora de buscar pareja es que el otro te haga reír. Las personas somos muy receptivas al humor.

ESCUCHA MÚSICA Y HAZ TUS *PLAYLIST*

Todos sabemos que la música es transformadora, tanto cuando te echas a llorar con ese bolero que te recuerda la relación que perdiste como cuando te pones la canción más movida del momento mientras te arreglas para salir. La música es capaz de activarte, revitalizarte y hacerte sentir bien en segundos. Si encima te animas a entonar y cantar a grito pelado como si no hubiera un mañana, recargarás las pilas.

A pesar de que todos sabemos qué música nos motiva, aquí te dejo una lista de las canciones que, según el público en general, son las más animadas:

1. **Survivor** (Eye Of The Tiger)
2. **I Will Survive** (Gloria Gaynor)
3. **Living On a Prayer** (Bon Jovi)
4. **Good Vibrations** (The Beach Boys)
5. **Walking on sunshine** (Katrina & The Waves)
6. **Viva la vida** (Coldplay)
7. **Let´s Get Loud** (Jennifer López)
8. **Don´t Stop Me Now** (Queen)
9. **Hooked on a Feeling** (Blue Swede)
10. **Color esperanza** (Diego Torres)

Crea tus propias listas en Spotify con canciones que te generen emociones. Puedes tener *playlists* nostálgicas, animadas, para levantarte de la cama, para una cena romántica, para salir a correr, para escribir, para relajarte mientras lees en el sofá…

ATRÉVETE A ACEPTAR TUS MOMENTOS DE FELICIDAD

Muchas personas no se permiten disfrutar de sus momentos felices. Piensan que no los merecen, que a los instantes de felicidad les siguen experiencias negativas.

- ¿Estás entre las personas que cuando están en un momento dulce o cuando han recibido una buena noticia solo piensan que en nada vendrán tiempos peores?
- ¿Te da miedo disfrutar del momento porque temes que se gafe?
- ¿Te sientes culpable de sentirte feliz porque otros no lo están tanto como tú?

Si piensas de esta manera te impides saborear los buenos momentos y disfrutar de ellos. Los momentos buenos son un derecho, no un premio. Aparecen en tu vida, los provocas, te los regalan. Al igual que aparecen momentos no tan bonitos, momentos injustos o desagradables. No te sientas raro si te ocurre, este tema es tan común que incluso llevó al psicólogo Gilbert a diseñar la «Escala de ansiedad ante la felicidad».

Permítete disfrutar y sentir felicidad cuando esta llegue a tu vida. Presta atención a todos los momentos bonitos del día.

Cuando estamos nerviosos, queremos salir corriendo, deseamos estar en otra parte. Más que huir, lo que buscamos es un lugar que no nos estrese, que nos dé paz. Nos sentimos tan agobiados en ese momento que deseamos estar en otro sitio. ¿Por qué salir de casa, si podemos tener en nuestro hogar una vía de escape?

Te invito a crear un espacio en tu casa con elementos que te ayuden a sentirte sereno. Decóralo con objetos y colores que te relajen. A mí me relaja la luz cálida, indirecta, los colores claros, las velas. Un sitio que sea acogedor, al que te guste ir para sentirte tranquilo. Puedes tener, por ejemplo, una caja con tarjetas que contengan frases relajantes, música relajante, mandalas para colorear, un muñeco antiestrés al que presionar, revistas de tu afición: decoración, cocina, naturaleza. Un espacio al que tú eliges ir cuando quieres poner en orden lo que sientes.

Si tu casa es pequeña, si no dispones de un lugar al que puedas darle esta exclusividad, que además podría servirte para leer, meditar, conectar contigo, puedes tener una caja en la que guardes todos estos elementos, anclajes que te hacen sentir bien, y abrirla cuando desees estar en este rincón de la calma.

Varios estudios de psicología han demostrado que existe una relación directa entre la postura que adoptamos y lo que sentimos, ya que nuestro cerebro está recibiendo información continuamente, también de lo que le llega de nuestro propio cuerpo. Cuando de forma atenta y consciente adoptamos posturas amables y relajadas, nuestro cerebro interpreta que nos sentimos así y favorece la generación de ese estado anímico. Por el contrario, si adoptamos una postura corporal triste y preocupada, interpretará que nos sentimos deprimidos o melancólicos.

Prueba a elegir una actividad en la que intencionadamente adoptarás una postura amable. Puedes imitar, por ejemplo, a alguien conocido, un personaje de ficción o real, que se comporte de esta manera. ¿Te imaginas cómo se sentaría a comer Audrey Hepburn? ¿Cómo pasea por la calle Irene Vallejo, la autora de *El infinito en un junco*? ¿Quizá con una postura delicada?

Elige esa actividad y ponte alguna nota visual que te recuerde la delicadeza y amabilidad de tu cuerpo y de tus movimientos en ese momento. Luego analiza cómo te has sentido.

NO REACCIONES, ELIGE RESPONDER

¡No eres un muelle!

No reacciones sin pensar cuando algo te remueva por dentro. Nos remueve un mensaje en las redes sociales, una crítica, ver la injusticia hacia alguien a quien queremos o incluso sentir aburrimiento, que nos lleva a picar algo insano sin pensar.

Dale una oportunidad a tu sistema reflexivo. Primero identifica qué sientes, ¿es hambre o es aburrimiento?, ¿es rabia o una reacción a la injusticia? Trata de entender tu emoción, acéptala, déjala estar, no luches contra ella, y, cuando te hayas permitido este espacio, decide cómo responder desde la reflexión.

La reflexión y la paciencia te permitirán diferenciar entre reaccionar y responder. ¿Cuál es la solución que deseas tomar?

DECIDE QUÉ HACER CON LO QUE SIENTES

Sentir es inevitable, somos emociones. Pero decidir el valor y lo que hacemos con esa emoción sí está más cerca de nuestra voluntad.

Si te sientes incómodo o poderoso, da igual, decide cuál será tu línea de conducta. Cuando sentimos una emoción con intensidad, dejamos que la emoción elija por nosotros. Acabamos actuando bajo el embrujo de esa emoción, pero posiblemente no habríamos respondido de esa forma si hubiéramos podido elegir y reaccionar desde la serenidad o con más frialdad. Estar muy pero que muy felices quizá nos lleve a consumir más alcohol para celebrarlo, estar irascibles nos lleva a gritar, y estar tristes, a dejarnos y romper con nuestros hábitos saludables.

Hazte esta pregunta: «Si esto no me doliera o afectara de esta manera, ¿cómo me gustaría actuar?». La respuesta definirá una manera de actuar de la que seguro te sentirás orgulloso después.

Si fueras una emoción, ¿con cuál te identificarías en estos momentos?

- ¿Por qué?
- ¿Te gustaría identificarte con otra?
- ¿Con cuál?
- ¿Por qué?

Puedes comportarte como si ya fueras esa emoción. Imagina que eres la ilusión, la serenidad, la seguridad..., ¿qué harías o cómo te comportarías si fueras esa emoción?

Cierra los ojos y, desde la calma, piensa en lo siguiente: si mañana, al despertar, pudieras tener una nueva habilidad, ¿cuál sería? Con «habilidad» me refiero a una competencia, un valor, algo que puedas entrenar. No vale fantasear con tener el pelo distinto, más altura, menos peso o más dinero.

William James, uno de los padres de la psicología, afirmó estas dos verdades:

«Si quieres una cualidad, actúa como si ya la tuvieras».

Trabaja esta reflexión con la habilidad que has pensado en el párrafo anterior. Si deseas ser más paciente, más reflexivo, mejor persona, más seguro, más locuaz..., empieza a actuar como si ya poseyeras esa habilidad. Solo tienes que pensar en alguien que la posea e imitar a esa persona. Al principio puede que no te salga con la naturalidad que deseas, pero a base de entrenar y entrenar la acabarás desarrollando.

«Uno de los mayores descubrimientos de mi generación es que un ser humano puede alterar su vida al alterar sus actitudes».

Tú puedes realizar pequeños gestos, pequeños avances que, por muy pequeños que parezcan, son el principio de algo muy grande.

DIBUJA TUS MIEDOS Y DALES EL VALOR QUE TÚ DECIDAS

Dibujar tu miedo y llevarlo siempre encima te otorga el control sobre él. Decide cómo es su cara, su cuerpo, el valor que tiene para ti. Cuanto más cómico o ridículo lo dibujes, menos miedo te dará. Dibujar tu miedo es un proceso por el que aceptas a ese miedo en tu vida, pero tú decides qué protagonismo tendrá.

Hasta ahora tu miedo ha decidido demasiadas cosas por ti. Ha llegado tu turno.

¡Ah!, y llévalo siempre contigo. Puede que algún día de verdad estés en peligro y necesites tenerlo de tu lado.

ESCUCHA Y ACEPTA CÓMO TE SIENTES SIN QUERER CAMBIARLO

Llorar y estar triste puede ser un estado de ánimo maravilloso, ya que muchas veces son el primer paso para el cambio. Los cambios empiezan por sentirse.

Solemos esconder nuestras emociones, y eso por varios motivos. Nos enseñaron de pequeños que llorábamos por «tonterías», que llorar es sinónimo de debilidad, que mostrar nuestras emociones nos volvía vulnerables. Y se equivocaban.

Llorar, estar triste u otras emociones y sentimientos tienen un sentido. Son la expresión de algo: de dolor, de pérdida, de pena. Las lágrimas, por ejemplo, pueden ser la expresión física de lo que la cabeza y el corazón tratan de decirte. Si no las escuchas, te pierdes. Si no las escuchas, no puedes desahogarte y tampoco puedes decidir qué hacer ni buscar soluciones.

La escucha activa y la empatía empiezan por uno mismo. Aprende a ponerte en el lugar del otro, pero también en el lugar de tu corazón y tu cabeza.

Todas las emociones son válidas. ¿Qué te están diciendo las tuyas?

El quokka está considerado el animal más feliz del mundo. Vive en Australia y pertenece a la familia de los canguros. Los humanos tenemos la fea costumbre de querer humanizarlo todo. También yo lo hago; siempre digo que mi perro Vueltas es la mejor persona del mundo. Con este pequeño quokka sucede lo mismo, en lugar de pensar que el animalillo es mofletudo, interpretamos que es el animal más feliz del mundo.

El señor quokka nos sirve para un maravilloso experimento. ¿Qué haces tú cuando ves una cara sonriente como la del quokka? Por favor, si no lo conoces, búscalo ahora mismo en internet. Voy a adivinar qué estás haciendo… ¡Sonreír! Porque cuando vemos una cara simpática y sonriente, automáticamente nuestro cerebro actúa con reciprocidad y sonríe.

Este tipo de caras nos hacen sentir bien. Nuestra mente interpreta que quien sonríe, aunque sea el señor quokka, está tratando de facilitarnos la vida, de ser amable, divertido, y en ese momento nos relajamos y devolvemos la sonrisa.

¿Y qué ocurre cuando sonreímos?, que nuestro cerebro libera neurotransmisores relacionados con el bienestar.

Así que, si te apetece darle un giro a tu estado de ánimo, bastará con que sonrías. Y si te cuesta sonreír, busca la foto del señor quokka y devuélvele lo que este animalillo de forma no consciente te regala: una bonita sonrisa.

- Aprende a disfrutar de los detalles.
- Prioriza tu intención de estar aquí y ahora.
- Lleva un diario y escribe sobre aquello de lo que disfrutas.
- Aparta de tu día a día las conversaciones negativas innecesarias.
- Cambia el chip..., mereces disfrutar de tus momentos bonitos.
- A caballo regalado no le mires el dentado... La vida es un regalo.
- Verbaliza las cosas bonitas que sientes para que se queden en tu interior.
- Lo controlable, bajo control.
- Regula la información que consumes.
- Practica cualquier actividad que cuide tus neurotransmisores.
- Mantén las rutinas que puedas o elabora otras nuevas.
- Practica el autocuidado.
- Escucha tus emociones.
- Haz tu vida más bonita con pequeños detalles.
- Atiende a tus relaciones sociales.
- Ríe de lo que sea.
- No conviertas los problemas en monotemas.

LO BIEN QUE SIENTA VACILAR
A TUS MIEDOS

Tus miedos hablan por ti, condicionan tu vida, toman el control sobre tu persona, deciden o limitan tus decisiones. Te hablan, te atemorizan, te advierten del peor de los escenarios. ¿Y si empiezas a darles la espalda, a no escucharlos, a quitarles la credibilidad que jamás deberían haber tenido?

Prueba a vacilarles. Cuando tu miedo te diga: «No estás preparado», contéstale algo sencillo: «Claro que sí, guapi», y tú, a lo tuyo. También puedes contestarle: «Noniná», que es como darle la razón a tu miedo, pero sin dársela. Es decir, vacilarle.

No les des la oportunidad de seguir hablando. Se las saben todas y querrán que recules, que te paralices, que no avances. A estos miedos no hay que darles la oportunidad de que nos paralicen. Coge tú el control. Hasta ahora se lo has dado a ellos.

VISUALÍZATE SONRIENDO

Te invito a realizar este ejercicio. Yo suelo practicarlo a menudo, me transforma y me ayuda a sentirme mejor. Es realmente sanador.

- **Busca un momento para ti; si es posible, siéntate y ponte cómodo.**
- **Cierra los ojos.** No hace falta que pienses en nada.
- **Sonríe, sin más.** Mantén la sonrisa.
- **Abre los ojos** y recréate en observar cómo esta sencilla sonrisa ha cambiado la manera en que te sientes ahora.

La falta de vitalidad también afecta a nuestro estado de ánimo, nos entristece y nos pone nerviosos no tener energía para afrontar nuestro día.

Con estos cinco consejos podrás recargar las pilas:

- Haz ejercicio.
- Duerme y descansa.
- Pasea al sol.
- Ríe a carcajadas.
- Disfruta de una buena sobremesa con tus amigos.

¿Serías capaz de proponerte el reto de poner en práctica en algún momento las cinco propuestas en un solo día?

ESCRIBE SOLO POR EL GUSTO DE ESCRIBIR

Escribir permite poner las ideas en orden, y eso nos relaja. El caos y la ansiedad se manifiestan en nuestro interior como si viviéramos turbulencias. El hecho de dar forma a lo que nos atormenta nos permite poner orden y desprendernos de lo que nos preocupa. La escritura tiene un poder creativo que promueve la generación de neurotransmisores como la dopamina, la norepinefrina, la histamina y la serotonina.

Ten a mano una libreta bonita y especial para ti, una libreta que te invite a escribir, y habitúate a dedicarle unos minutos cuando tu mente esté acelerada o sientas emociones intensas.

AFRONTA TUS MIEDOS

El miedo es una reacción ante una situación, una persona, incluso un pensamiento, que entendemos que son peligrosos para nosotros. El miedo es necesario, es una respuesta de protección, pero en muchas situaciones nos limita y nos impide aprovechar oportunidades de éxito, conseguir a la persona amada, relacionarnos con naturalidad o mostrar lo buenos que somos en el trabajo.

Por eso es necesario aprender a gestionarlo:

- **No pienses en cómo te limita ni adelantes acontecimientos.**
- **Prepárate para lo mejor... ¿por qué no?** Al igual que anticipamos el fracaso, podemos anticipar el placer. Las probabilidades de uno y otro son las mismas, porque todo dependerá de dónde pongas tu atención.
- **Practica técnicas de meditación o relajación,** esto te ayudará a tener a tu sistema nervioso a raya. Es mejor encarar el miedo con serenidad, de tú a tú. No se trata de reaccionar ante el miedo, sino de tener la templanza suficiente para decidir qué hacer con él.
- **Focaliza fuera, ¿qué está ocurriendo a tu alrededor?** Deja de estar pendiente de si te late el corazón o no, de si sudas o te estás mareando, y fíjate en lo que sucede a tu alrededor, qué actividad estás realizando, con quién estás hablando, qué ves, qué oyes, qué hueles. El mundo está ahí fuera, estate pendiente de él. No te exijas estar a gusto, no siempre podemos estar a gusto.

Quítale valor a tu miedo.

El miedo es tremendo porque lo queremos ver tremendo. Un miedo solo es horrible cuando todos lo vemos horrible, como puede ser vivir un atraco. Cuando no es así, debemos tratar de quitarle valor, y el humor es un recurso vital para ello. Cantar, escribir un microcuento, dibujar el miedo con cara de desgraciado, ponerlo en la pared y tirarle dardos, hablarle como si fuera un pez…, puedes emplear cualquier técnica que te ayude a quitarle valor al miedo.

3. Acepta, perdona, agradece

El Dalai Lama, premio Nobel de la Paz en 1980, dijo en una ocasión: «Si desarrollo sentimientos negativos hacia aquellos que me hacen sufrir, eso no hará más que destruir mi paz mental. Pero si perdono, mi mente vuelve a estar en calma».

Vivir con serenidad es ser capaz de dar tres pasos muy importantes: aceptar, perdonar y agradecer.

Desde el punto de vista psicológico, perdonar no incluye la idea de reconciliación, sino que se trata de una experiencia interna en la que la persona deja de sufrir por el ataque vivido. Implica reducir los pensamientos negativos dirigidos hacia la ofensa o incrementar los positivos. Lo que importa es encontrar la paz. Perdonar no implica la colaboración de la otra persona, sino alcanzar la tranquilidad a través de las decisiones que tú tomas con respecto a la ofensa. Puedes perdonar aun cuando el otro no se disculpe. Para perdonar, tienes que aceptar que la vida es como es, que la gente es como es, que la suerte, buena o mala, también forma parte de este juego.

Mientras continúes sintiendo rencor y deseos de venganza, seguirás encadenado a quien te ofendió. Perdonar te hace libre.

La gratitud es un estilo de vida que nos lleva a contemplar cada detalle de lo que nos rodea como algo maravilloso, como un regalo. Y esos detalles incluyen a personas, experiencias, bienes materiales, emociones, sensaciones... Si viviéramos con el firme propósito de estar más presentes y empaparnos de lo que vivimos cada día, seríamos conscientes de la suerte que tenemos. Y, sin embargo, solemos poner más el foco en lo que echamos de menos, en lo que nos falta, que en lo que ya tenemos.

En psicología entendemos que cada uno de nuestros comportamientos se mantiene porque tiene su contingencia. ¿Cuál es la tuya a la hora de no querer perdonar? ¿Que no te vuelva a suceder? ¿Que la otra persona se sienta mal porque no la perdonas?, pero si quizá ni siquiera le importa. No hacer las paces por no hacer las paces no tiene sentido.

Tú necesitas vivir tranquilo, sin peso en la mochila. Plantéate estas **DOS** preguntas:

1. ¿Tendrán sentido los momentos o días que estoy perdiendo por no perdonar?
2. ¿Me ayudarán a conseguir algo valioso?

LA CAJA DE LOS OLVIDOS

¿No te parecería muy liberador tener una caja para los olvidos en la que dejar todo ese daño del pasado o las preocupaciones actuales por las que no puedes hacer nada?

Pues esta caja existe. Se llama la «caja de los olvidos».

Introduce en ella unos papelitos en los que escribirás aquello de lo que quieres desprenderte, lo que puedes permitirte el lujo de desatender. La caja debería tener ranura de entrada, pero no de salida. Y cada vez que introduzcas un papel puedes repetirte el mantra: «Te dejo marchar, no aportas nada a mi vida».

En mi último libro, *Somos fuerza*, hay un capítulo dedicado a la ACEPTACIÓN. La aceptación es clave para salir adelante, de lo contrario nos quedamos anclados en las lamentaciones, en el rencor o en el pasado.

MEDITACIÓN DEL PERDÓN

Como dice mi amiga Beatriz Muñoz en su libro *Mindfulness funciona*, puedes practicar una meditación que consiste en ser compasivo con la persona a la que tienes que alejar de ti o perdonar. Imagina a la persona de la que guardas un mal recuerdo, siéntala mentalmente delante de ti y deséale paz, bienestar, salud y que viva tranquila. Se trata de perdonar para limpiar tu interior de rabia y frustración.

Para que esto tenga efecto, tendrás que realizar esta meditación en más de una ocasión. A veces es doloroso, y puede que te parezca que no genera el efecto positivo que deseas, pero solo tienes que repetirla hasta que sientas que el rencor y la rabia hacia esa persona han desaparecido.

No realizas este ejercicio porque la persona se lo merezca, quizá se trata de alguien que te ha hecho mucho daño, sino porque ni el rencor ni la venganza alivian tu sufrimiento. Lo que sí lo alivia es dejar marchar ese pasado, desligarte de él.

R **Recordar el daño y las emociones experimentadas.** Se trata de reconocer y aceptar que has sufrido, que no eres inmune al dolor y que eres humano. El problema no es el dolor en sí mismo, sino actuar de acuerdo con lo que sientes. Por eso es tan importante el proceso de aceptación.

E **Empatizar con tu ofensor.** Trata de entender al ofensor, de ponerte en su lugar, de pensar cómo hubieras reaccionado tú. Piensa en qué pudo llevarlo a actuar como lo hizo. Trata aquí de no juzgar.

A **Altruismo.** Perdonar puede ser un regalo hacia el otro y hacia ti mismo. El altruismo te hace sentir bien y libre. Puede ayudarte recordar las veces que te han perdonado a ti. Desarrolla la compasión.

C **Comprometerse con el perdón.** Se trata de elaborar un plan para poder perdonar. Escribe alguna carta, alguna nota, verbaliza contigo mismo. Es un acto simbólico que te ayudará.

H **Aferrarse (*hold*).** Se trata de sujetarte, buscar anclajes que te protejan para que no te dañen otra vez. Debes conocer qué hay de tu comportamiento que facilita que otros te ofendan. Quizá te faltan habilidades sociales, no sabes poner límites, tienes una baja autoestima. Conocerte te ayuda a fortalecerte. Debes procurar evitar el peligro en el futuro.

EMPATIZA

Empatizar nos ayuda a comprender a los demás. Todos vivimos situaciones distintas, partimos de realidades distintas y sentimos de forma distinta. Entender al otro es clave también en los procesos en los que necesitamos perdonar y aceptar.

- **Valida las emociones.** Significa dar valor a lo que siente la otra persona.
- **No tienes que salvarle la vida.** Nos encanta dar consejos con los que creemos que podemos salvar a la otra persona, pero a veces solo necesita ser escuchada.
- **Sé paciente y comprensivo.** Para ser más empático, respeta los ritmos y tiempos de la otra persona. Puedes ayudar a tomar decisiones si la otra persona te invita a ello, pero no invadas su vida con prisas y un ritmo que no es propio de esa persona.
- **La otra persona no está equivocada,** solo pensáis de forma diferente.
- **Compórtate con amabilidad y ternura.**
- **No interrumpas cuando hable,** deja que se exprese.

CAMBIA LA NARRATIVA

Estar enfadado con alguien, incluso con uno mismo, tiene que ver con nuestra interpretación, no siempre benévola, de los actos de otras personas.

Y es que todos vemos la vida de forma interpretada. Sí, interpretada, porque tu realidad es tu realidad, pero lo más seguro es que no coincida con la realidad del otro. Nuestras experiencias y nuestros valores, nuestra memoria sesgada…, todo influye en la manera en que interpretamos el pasado. Pensamos que tenemos verdades absolutas y nos equivocamos.

Cuando algo nos afecta, nos duele, nos parece injusto, solemos empezar a hablar (o hablarnos) sobre ese suceso. Como si al hablar de ello nos liberáramos, cuando ocurre todo lo contrario: nos vamos contaminando cada vez más. Cuanto más lo pensamos o más lo compartimos, más valor le damos a ese suceso, a esas interpretaciones.

Dado que nuestros pensamientos son los mayores generadores de emociones, estar enfadado va estrechamente unido a la forma en que nos estamos hablando a nosotros mismos y a qué decidimos darle protagonismo.

Cambia tu discurso, cambia tu narrativa.

Tú decides si esta cuestión seguirá siendo protagonista en tu vida. Y cuestiónate también si la forma que has tenido de interpretarla es la única alternativa posible o si existen otras narrativas, otro contenido que también pueda ser válido.

¿PENSANDO QUE LA VIDA TE DEBE UNA?

Hemos crecido con la creencia de que cosechamos aquello que sembramos: «Haz el bien y no mires a quien». Muchas personas tienen el pensamiento naíf de que el universo te devuelve lo que tú le das. Mentira. No existe una relación directa entre tus buenas acciones y tu buen hacer, y el azar y el destino.

Indudablemente, si actúas desde tu escala de valores y tratas de ser una persona de bien, aumentas las probabilidades de que las personas con las que te relacionas, a nivel social, laboral, familiar, te traten bien y te devuelvan el amor, la generosidad y el cariño que reciben de ti.

También es cierto que las decisiones reflexivas, acertadas y sensatas aumentan las probabilidades de tener una vida más segura. Aun así, alguien te puede fallar y la adversidad puede aparecer en tu vida.

Deja de hacer este tipo de reflexiones. Todos merecemos una buena vida. No aceptar que la vida a veces es caprichosa e injusta no te ayuda a alcanzar la serenidad.

LA VIDA ES INJUSTA…, SIMPLEMENTE OCURRIÓ ASÍ

La vida tiene una parte injusta que tarde o temprano te va a tocar…, nos va a tocar. Lamentarse, quejarse, llorar o actuar con victimismo no nos devolverá lo perdido. Solo nos hará sentir que carecemos de control, que somos como marionetas en manos del destino.

- **Acepta la parte que no depende de ti.** Aceptar significa dejar de luchar contra lo que no tiene remedio. No significa que eso te guste, sino dejar de invertir esfuerzos en algo que ahora no puedes manejar.
- **Actúa y toma el control.** Puede que no tengas control sobre la globalidad de la situación, pero sí puedes decidir dejar de prestarle atención.
- **Haz interpretaciones positivas y racionales.** No eres la víctima de todo, no todo está contra ti, no te mereces lo que está pasando, no eres peor persona, esto no es un castigo.
- **Normaliza tu vida.** No abandones tu rutina. Normalizar tu vida es tomar el control y focalizar la atención en lo que suma.
- **Céntrate en los demás.** Siempre hay gente alrededor que te necesita. Centrarte y ayudar a los demás puede ser muy gratificante.
- **Relativiza.** Relativizar es una herramienta muy saludable, permite poner en perspectiva nuestros problemas. ¿Lo que hoy es tan importante también lo será mañana?
- **Busca apoyo y bienestar.** Rodéate de gente que te inspire, que te alegre, que sume.

La adversidad forma parte de la vida. Es más fácil aprender a convivir con ella que querer evitarla.

¿De cuántas cosas te arrepientes?, ¿cuántas decisiones equivocadas recuerdas?, ¿cuántas imprudencias cometiste? Y de todas ellas, ¿cuántas siguen siendo una piedra en tu mochila?

Aquí van seis consejos por si deseas reconciliarte contigo:

1. **Habla o escribe con honestidad y objetividad sobre lo que ocurrió.** Dale forma a lo que pasó con sinceridad, no como lo interpretas cada vez que lo recuerdas.

2. **Deja de juzgarte y de generalizar.** Que hayas cometido un error no significa que seas una persona horrorosa ni que vayas a repetir el mismo error toda tu vida.

3. **Repara el daño, si puedes.** Una manera de sentirnos en paz es, además de pedir perdón, reparar el daño, tener un detalle con la persona o con el entorno.

4. **Acepta el error y perdónate.** Ya has sufrido demasiado. Ahora te toca aceptarlo: «Me equivoqué y lo siento en el alma, pero tengo que cerrar esta carpeta».

5. **Recuerda que eres tu amigo.** ¿Qué le dirías a tu amigo si pasara por una situación similar? ¿Lo hundirías con mensajes como los que te dices tú?

6. **Saca un aprendizaje positivo.** No hay vuelta atrás, pero ¿podrías anticipar una estrategia para actuar de otra manera si volviera a ocurrir?

No somos más felices ni aprendemos más tratándonos mal en lo que respecta al pasado; al contrario. La tristeza, la culpa y el remordimiento provocan que caigamos en la rabia, en hábitos poco saludables, en el lado oscuro de la vida.

CIERRA CARPETAS

¿Cuántos errores hemos cometido en el pasado que nos pasan factura emocional en el presente? ¿De cuántas injusticias hemos sido víctimas? ¿De cuántas comparaciones, juicios de valor, manipulaciones? Todos hemos vivido algunas situaciones de las que somos responsables y de muchas otras que ni siquiera hemos visto venir.

Sea por el motivo que fuere, no permitamos que esas carpetas abiertas del pasado sigan teniendo poder sobre nosotros en el presente. Aprender a cerrar carpetas del pasado, a aceptar y decir adiós, nos libera para vivir una vida más plena y serena. De lo contrario, seremos esclavos de lo que nos hizo daño.

Es muy complicado disfrutar del presente cuando no te has reconciliado con tu pasado. Recuerda, tú ahora observas el pasado con los ojos de quien eres hoy, de esa persona más fuerte, más segura, más empoderada; criticarte y sufrir hoy por lo que ocurrió en el pasado es un sinsentido. Lo importante es saber que ahora no permitirías esas humillaciones, críticas, manipulaciones.

Cada vez que aparezca el dolor, el pensamiento, el reproche contra ti mismo, obsérvalo y déjalo marchar. Puedes decirte algo así como: «La persona que permitió eso, que hizo eso, que dijo eso, que tomó esa decisión, no soy yo».

EL PLACER DE HACER LAS PACES

Te doy unos consejos que te ayudarán a perdonar:

- ¿La persona que te hizo daño es importante para ti? Si la respuesta es sí, no permitas que un conflicto os separe.
- Analiza qué ocurrió desde tu punto de vista y desde el punto de vista de la otra persona.
- Piensa que tener opiniones distintas no es motivo para estar enfadado.
- Valora qué te aporta la persona con la que te has enfadado, seguro que te ha regalado muchos momentos de bienestar, generosidad u otros valores.
- No midas quién da más. Cuando te dedicas a medir qué das y qué recoges en una relación, acabas sintiéndote agraviado.
- ¿Tiene esto sentido? ¿Te ayuda en algo el rencor?
- Hacer las paces no es perder, puede ser un signo de madurez, de ceder, de ser comprensivo, empático, pero no es una derrota.
- ¿Te arrepentirás de no haber perdonado? Ahora todo te parece un drama, pero ya sabes que el tiempo nos da otra perspectiva.
- Si quieres perdonar, olvida los reproches, ya habrá tiempo para hablar. Perdonar es un acto de amor y compasión.
- Recuerda: juzgamos más el fallo que las buenas acciones. ¿Eres exigente con los demás? ¿Dedicas tanto tiempo a enfadarte como a agradecer las buenas acciones?

A veces es mejor tener paz que tener razón, mejor incluso que ganar una batalla.

GESTIONAR EL ARREPENTIMIENTO PARA VIVIR CON SERENIDAD

Una investigación recogida en el libro *How to Be Single and Happy* concluyó que los reproches y arrepentimientos de nuestro pasado con los que nos culpabilizamos interfieren en nuestra capacidad presente para resolver problemas, pero basta con un simple ejercicio para recuperar el equilibrio emocional y la capacidad resolutiva.

Podemos ver todo lo que vivimos en el pasado y aquello de lo que nos arrepentimos desde diferentes puntos de vista. Por favor, elabora una lista con alternativas positivas a las que ahora consideras negativas.

El hecho de ver que un arrepentimiento no solo tiene consecuencias negativas, sino que puede que aquello de lo que te arrepientas sea algo positivo, ayuda a que la función cognitiva de solución de problemas recupere su esplendor.

TRES AGRADECIMIENTOS CADA NOCHE

Antes de dormir, trata de pensar en tres cosas que te hayan ocurrido durante el día por las que puedas dar las gracias. No tienen que ser grandes acontecimientos.

Este ejercicio ayuda incluso a dormir mejor, ya que nos enfoca en aspectos positivos y relajantes. Y dado que la mente no puede estar en dos tareas a la vez, el hecho de pensar qué puedes agradecer evita dedicar atención a los temas pendientes de resolver, tener pensamientos rumiantes o anticipar cosas negativas..., a lo que somos muy dados por las noches.

SI LA CONCIENCIA TE HABLA, ESCÚCHALA

La mala conciencia, el malestar, el sentimiento incluso de desaprobación con uno mismo, de culpa o de remordimiento, suele surgir cuando actuamos en contra de nuestros valores o cuando no somos coherentes con los objetivos que nos hemos propuesto.

La conciencia nos dice: «Te estás equivocando», «¿Estás seguro?», «¿Será esto bueno para ti?», «¿No te arrepentirás luego?». Sabemos que gritar, ofender, criticar o negar la ayuda a otros está mal, pero lo hacemos. Sabemos que comer procesados todo el día perjudica nuestra salud, al igual que dormir poco, fumar, mentir…, pero lo hacemos. Si no nos sintiéramos mal por ello, seguro que repetiríamos una y otra vez el mismo comportamiento, lo normalizaríamos, el mundo sería entonces bastante más cruel y menos humano de lo que es, y nosotros tendríamos estilos de vida muy poco saludables.

Así que la conciencia nos da patadillas para que agucemos el corazón y la humanidad. Nos pide que reflexionemos, que valoremos las consecuencias de nuestras decisiones y que busquemos con ello respetarnos a nosotros y respetar a los demás.

Si sientes que la conciencia te está hablando, deja de lado la impulsividad, apunta en una libreta qué está pasando por tu cabeza, cómo te hace sentir y piensa si hay una alternativa más compasiva y bondadosa.

¿Estás escuchando a tu conciencia?

CIERRA LOS OJOS Y SONRÍE

Te invito a realizar el siguiente ejercicio. Cada vez que lo practico me ayuda a sentirme mejor. Es realmente sanador.

- **Tómate un momento para ti...**, si es posible, siéntate y ponte cómodo.
- **Cierra los ojos.** No hace falta que pienses en nada.
- **Sonríe, sin más.** Mantén la sonrisa.

Cuando abras los ojos, reflexiona sobre cómo este simple gesto te ha hecho sentir.

El agradecimiento va más allá de dar las gracias. Es una actitud que podría convertirse en una filosofía de vida.

Se trata de una manera de mirar y enfocar. Ser agradecido nos permite vivir estando pendientes de todo aquello que nos regala la vida. Si todos fuéramos más agradecidos, viviríamos en un mundo más amable, empático y respetuoso. ¡Y hasta pensaríamos con más positividad! El agradecimiento produce bienestar tanto en quien lo recibe como en quien lo siente. De hecho, hay estudios que correlacionan ser agradecido con una mejora de la salud física.

El profesor de psicología Robert Emmons, de la Universidad del Sur de California, llevó a cabo, en 2015, un estudio que se titula *Correlaciones neuronales de la gratitud*. Los resultados demostraron que la actitud de agradecer «produce resultados positivos muy importantes: satisfacción, vitalidad, felicidad, autoestima, optimismo, esperanza, empatía y deseos de ofrecer apoyo emocional y tangible a otras personas».

No normalices lo que ahora tienes, porque, si lo haces, pierdes la perspectiva. Todo lo que nos rodea, desde lo material hasta lo más espiritual, son regalos.

4. Cuida tu autoestima

Tener autoestima es sentirse valioso. La autoestima es un tesoro que nos hacer brillar. Nos permite confiar en nosotros, tratarnos con respeto, amabilidad y amor. Nos impulsa a emprender proyectos y vivir sueños. Y, lo más importante, es la facilitadora de una vida honesta, plena y sentida.

Sin autoestima empequeñecemos, vivimos la vida de otros, nos resignamos, malvivimos con ansiedad y tristeza. Nos sentimos impostores y un fraude.

La buena noticia es que la autoestima se puede entrenar, y que ese entrenamiento hará que te sientas bien.

En este capítulo te facilito una serie de ejercicios para que poco a poco vayas sintiéndote fuerte, capaz, empoderado, y puedas elegir tu vida y ser el protagonista, en lugar de un actor de reparto.

¿DE QUÉ SE ALIMENTA UNA AUTOESTIMA SANA?

- 2 kg de autocuidado.

- 2 kg de palabras de amor, respeto y amabilidad hacia ti mismo.

- Muchos gramos de no escuchar a tu crítico interior.

- 3 kg de «me la refanfinfla» lo que opinen los demás de mí.

- 4 kg de compasión hacia ti mismo.

- 1 kg de bajar tu nivel de exigencia.

- 2 kg de aceptación de lo que ahora tienes y eres.

UTILIZA CRITERIOS INTERNOS PARA MEDIR TU AUTOESTIMA

Si no somos iguales que otras personas, ¿por qué utilizamos criterios externos para darnos valor? La clave de la seguridad y la confianza radica en tener una escala interna de aprobación. Ahí es donde reside la autoestima sana: en la escala de aprobación que tú decidas tener para ti. Esta escala dependerá de tus valores y de lo que tú consideras importante en la vida.

La autoestima de aquellos a quienes les importan la belleza y la juventud se sustentará en esos criterios; la autoestima de aquellos a quienes nos importan valores como la generosidad, la bondad o el humor dependerá de cómo nos comportemos y de si somos coherentes con nuestros principios.

Así cuesta mucho menos mantener la autoestima, ya que eres tú quien en gran parte decide cuáles son tus valores insignia.

¿No te has dado cuenta de que a partir de un episodio que podría ser insignificante las grandes películas americanas dan forma a una gran historia?

Veamos *Los puentes de Madison*, por ejemplo. Todos hemos llorado, nos hemos emocionado con esa película. En el fondo es la historia de una infidelidad… o, bueno, de un amor. Todo depende nuestra interpretación de la película.

Tus anécdotas cotidianas pueden convertirse en grandes historias hollywoodienses. Con eso espero que te emociones y las agrandes y las vivas con más intensidad.

Ponte delante del espejo y narra tu mejor anécdota de hoy como si contaras una gran historia, y pon música. Emociónate, sobreactúa, ríe… Ya verás cómo te sientes luego.

Con este ejercicio vamos a trabajar nuestra autoestima a través de la admiración.

Ponte delante del espejo sin miedo, y mírate con respeto y amor. Lo que ves en ti, lo que observas en el espejo, es lo que proyectas a los demás.

Te animo a practicar este ejercicio a diario.

Ponte delante del espejo y, desde el humor, pregúntale: «Espejito, espejito, ¿qué tengo yo de bonito?».

Intenta buscar cada día una respuesta basada en lo que admiras de ti. Si te entrenas en este tipo de actividades, acabarás encontrando todos los tesoros que llevas dentro.

Cuando pienso en mi abuela, cuando la recuerdo, enseguida me vienen a la mente todas las cosas maravillosas que resaltaba de mí a diario, sin ningún tipo de objetividad. Si salía en la tele, yo era la más guapa; si me hacían una entrevista, yo era la más inteligente; si asistía a un acto, yo era la más elegante. Mi abuela es la viva representación del dicho «No tienes abuela».

Ahora te invito a que imagines qué te diría la persona que te ama incondicionalmente si por un agujerito hubiera visto lo que has hecho hoy. Dítelo con ternura, con amor, con toda la subjetividad del mundo, porque te quieres de forma incondicional.

YO ADMIRO DE MÍ...

Prueba a tener una lista abierta, ya sea en una libreta, en un diario o en tu agenda, para ir completando la frase «Yo admiro de mí...» cada vez que percibas algo valioso en ti.

Admirar es contemplar algo por sus extraordinarias cualidades, y tú las tienes. No siempre te das cuenta de ello, pero las tienes.

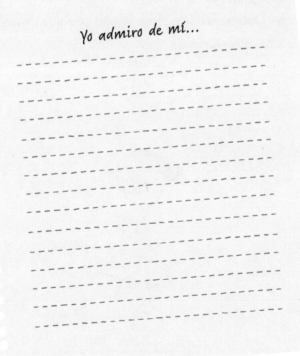

Yo admiro de mí...

¿NECESIDAD DE AGRADAR?

- Trabaja tu autoconcepto
  - ¿Quién soy?
  - ¿Qué ofrezco?
  - ¿Por qué soy valioso?
- Acepta que no puedes caer bien a todo el mundo ni llevarte bien con todos, por muy maravilloso que seas.
- Respétate. Es preferible perder a alguien a que te pierdas tú al cruzar tus límites o no respetar tus valores.
- Interpreta bien a los demás. Evita rumiar, interpretar y hacer juicios de valor sobre otras personas.
- Quédate con lo que suma de la gente.

Cuando te escuchas demasiado, encuentras y oyes cosas que no existen.

A nuestra mente le encanta parlotear de todo. Pero tiene tendencia a hablar más de lo que resta que de lo que suma. Le cuesta entender que la palabra «humildad» no excluye la capacidad de reconocer nuestros talentos. Le cuesta reconocer a la persona maravillosa que llevamos dentro.

Así que nuestra mente acostumbra a hacer lo que sí sabe hacer bien: criticarnos, buscarnos defectos, exigirnos. Y cuando estás todo el día escuchando ese discurso de ti mismo dirigido a ti mismo, acabas encontrando todos esos defectos de los que sueles hablarte.

Todo eso que dice nuestra mente sobre nosotros no es verdad. O, mejor dicho, la mayoría de nuestros pensamientos críticos no son verdad. Pero de tanto escuchárnoslos, terminamos creyéndonoslos. Te invito a no parlotear con esos pensamientos.

UNA CARTA DE AMOR DE TI PARA TI

Si tu mejor amiga te escribiera una carta de amor, de amor verdadero, dándote a conocer todo lo que aprecia y disfruta de ti, ¿qué pondría esa carta?, ¿no te gustaría leerla?

Más que a leerla, te animo a escribirla. Ponte en el papel de esa amiga y escríbete lo que crees que ella te diría. Y, si te apetece, llora de emoción. Estoy segura de que será un ejercicio muy emotivo.

DIARIO DE ÉXITOS

En la adolescencia solíamos tener un diario. En él apuntábamos lo que vivíamos, lo que sentíamos, conectábamos con el diario como si fuera nuestro mejor amigo. Toda nuestra intimidad y privacidad estaba en aquellas páginas.

Escribir un diario era, sencillamente, bonito. Elegirlo no era una tarea sencilla, queríamos el más bonito. En sus páginas estaría nuestra vida, nuestros pensamientos, nuestros miedos y emociones, los novios y los exnovios, las peleas con las amigas, las discusiones con nuestros padres, nuestra visión inconformista del mundo...

Seguramente tú también has llevado un diario alguna vez, ahora se trata solo de cambiar de tema. En lugar de escribir sobre toda tu vida, acotar la temática. Todos los días anotarás en él aquello de lo que te sientes orgulloso: un mérito en el trabajo, lo sabrosa que te ha quedado la comida, una conversación amable con un cliente complicado, haber escuchado a tu hijo con atención y amor, lo bien que hoy te ha quedado el maquillaje, haberte controlado en el coche y no haber pitado el claxon, no haberte enfadado por una banalidad...

Escribir un diario todos los días sobre tus éxitos hará que tu mente se enfoque en ellos durante el día y de este modo estarás más pendiente de lo que funciona bien en tu vida.

Si te sientes inseguro en las interacciones personales, puedes seguir estos consejos:

- **Sonríe.** Las personas que habitualmente sonríen caen bien.
- **Interésate por los demás**, pregúntales por su vida, pero con discreción.
- **Cuidado con el humor.** La gente con humor cae bien, pero quienes se ríen de los demás, no.
- **Muéstrate tal como eres**, relajado, hazlo fácil.
- **Tranquilo, no están pensando nada de ti.** Puedes opinar lo que creas oportuno, no quieren un premio Nobel, te quieren a ti.
- **Sé prudente**, así es más difícil equivocarse.
- **Habla despacio**, eso ayuda a rebajar el nivel de activación y la ansiedad que provoca sentirse inseguro.

PRUEBAS DE REALIDAD

¿Alguna vez has sometido a una prueba de realidad tus etiquetas negativas? Nos etiquetamos o, peor aún, venimos etiquetados desde pequeños. Crecemos con un concepto de nosotros que no cuestionamos y acabamos comportándonos conforme a esas etiquetas.

Pero somos evolución: hoy no somos la persona que fuimos ayer, mucho menos la del pasado y muchísimo menos aún la persona que tus padres, profesores y hermanos creían ver en ti. ¿No te ocurría que te veías distinto cuando estabas con tus amigos de cómo te veían tus padres?

Solo te pido que pongas un poco de objetividad y ciencia en esas etiquetas que arrastras, que condicionan tu vida y que puede que no te representen en absoluto. Porque la visión que tienes de ti mismo condiciona tu manera de sentirte y comportarte.

Una prueba de realidad consiste en recoger pruebas objetivas durante unas semanas de cómo crees que eres: inseguro, despistado, malhumorado, manirroto, caprichoso, borde, flojo… Ponlo a prueba. Coge una libreta y anota cada ocasión en la que tu comportamiento refleja estas etiquetas. Estoy segura de que te llevarás una sorpresa y dentro de unas semanas te darás cuenta de que no eres «tan» lo que sea como pensabas.

ATRIBUCIONES CORRECTAS

¿Te suena el concepto «*locus* de control»? El *locus* de control es el lugar al que atribuimos nuestro éxito o fracaso. Una persona con una sana autoestima es capaz de identificar internamente por qué tiene éxito. No es por factores externos como la suerte, la facilidad de la tarea o la ayuda de otros, que no digo que no puedan influir, y tampoco piensa que el éxito se deba siempre a que el examen, la prueba o la reunión hayan sido fáciles.

La persona con una autoestima sana se conoce bien, se reconoce como responsable de sus éxitos y también de los errores que dependen de ella. Se atribuye cada pequeño logro a sí misma en la medida en que ella lo provoca. Aprueba un examen porque se organiza y se esfuerza, tiene una buena relación de pareja no solo porque su pareja es maravillosa, sino porque sabe que ella es amable, servicial, divertida, resolutiva…

Atrévete a buscar en qué medida eres responsable de lo que consigues en la vida. Piensa en tus éxitos, por pequeños que sean, y escribe en qué medida los has provocado tú.

- **Se conoce a sí misma y se acepta incondicionalmente.** Es libre de cambiar lo que no le gusta, no lo que no gusta a los demás.
- **Maneja adecuadamente sus sentimientos.** No convierte en una batalla lo que no lo es y disfruta a tope de lo que vale la pena.
- **No exige las cosas que quiere.** Pide por favor lo que necesita y no utiliza el chantaje emocional.
- **Acepta lo que no tiene vuelta atrás** y lucha con esfuerzo por lo que depende de ella. Mantiene una actitud activa.
- **Es fiel a sí misma**, se responsabiliza de su vida y de sus emociones.
- **Trata de tener sentido común**, es congruente y auténtica. Siendo ella misma, sabe que no se equivocará.
- **Se respeta y se valora como persona.** Solo así los demás conocerán su valor.
- **Ninguna persona, independientemente de la jerarquía, es mejor que ella.** Conoce perfectamente cuál es su valor y se sabe única.
- **Elige a las personas que la rodean.** Las relaciones sociales deben ser una fuente de bienestar, no de sufrimiento.
- **Expresa adecuadamente sus deseos, opiniones y sentimientos** en vez de esperar a que los demás los adivinen.

RECONOCE TU VULNERABILIDAD

Creer que eres más fuerte de lo que eres supone una gran presión para ti. Si crees que los demás esperan que no caigas, que no te equivoques, que asumas más tareas o responsabilidades de las que te corresponden, esa es la imagen que les habrás vendido de ti.

Hemos sido educados con algunas ideas equivocadas, por ejemplo, que llorar es de débiles y ser bueno es de tontos, que hay que tener cuidado y desconfiar porque, si no, los demás se aprovechan de ti. Y a causa de estas creencias erróneas tratamos de protegernos detrás de una armadura que a la primera de cambio se derrumba, porque somos vulnerables.

Todos flaqueamos, lloramos, sufrimos. Reconocerlo es empatizar, confraternizar, comprender, gestionar tus emociones. Y, sobre todo, permite que te puedan ayudar. Para eso estamos.

- ¿Qué te hace tambalear?
- ¿Qué te da miedo?
- ¿Qué rompe tu equilibrio?

Yo me siento incómoda cuando tengo mucha gente a mi alrededor, no estoy a gusto en una cena o un evento en el que no conozco a la gente, me da miedo enfermar y no estar disponible para mis hijos, el ruido me quita la paz y, la verdad, a pesar de lo pacífica que soy, atacaría a quien delante de mí humillara a otra persona, eso es algo que me rompe por dentro.

Todos somos débiles, y reconocerlo es el primer paso para sentirte fuerte, protegido y no tener que llevar una máscara.

¿TE QUIERES MAL?

Esta puede parecer una pregunta absurda, pero para muchas personas la respuesta es SÍ. No en todas las áreas de su vida, pero sí en muchas.

Quizá estés relacionando el quererte mal con la baja autoestima, y sí, este puede ser unos de los motivos, pero también puede haber otros. Aquí tienes una lista:

- Baja autoestima.
- Creencias equivocadas respecto al tiempo de descanso.
- Utilizar la comida insana para buscar el placer.
- Falta de organización y planificación que nos llevan a procrastinar.
- Ideas equivocadas sobre cómo tenemos que hablarnos cuando cometemos un error.
- Falta de compasión y autoperdón.

Detrás de este «malquerernos» subyacen algunas ideas, por ejemplo, que merecemos ser castigados o que no merecemos ser felices. O que esta es la manera de aprender, a través del sufrimiento. Por cierto, todas ellas, ideas equivocadas.

Quererte bien es un derecho, un placer, forma parte de tu salud mental y física, y también del respeto que te debes y que los demás te deben.

Hazte esta pregunta: ¿Qué pasaría si a partir de este mismo momento empezaras a quererte mejor? ¿Qué dificultades hay?

REFLEXIONAR UN POQUITO
PARA QUERERNOS MEJOR

- Algo que admiro de mí es...

  -

- Durante el día me da paz...

  -

- Un pensamiento tóxico que voy a desatender es...

  -

- Un hábito que me hace sentir bien es...

  -

- Necesito dejar de...

  -

- Una persona querida que me revitaliza es...

  -

- Un momento de autocuidado personal es...

  -

- Agradezco...

  -

- **No te critiques, no te hables mal.** No te ayudará en nada, lo único que conseguirás es sentirte mal, poca cosa e incapaz.

- **Disfruta con el bien de otros.** Hay personas que, para sentirse bien con lo que tienen, necesitan ver el fracaso del vecino, porque el fracaso del otro es el éxito de ellos. Este es un sentimiento mediocre. El fracaso de alguien no te hace mejor a ti, así que alégrate de que a los demás les vaya bien, de que triunfen, de que tengan una vida feliz. Te sentirás buena persona y en paz si tienes este sentimiento.

- **Si deseas algo que no tienes porque para ti es importante, elabora un plan.** Se trata de establecer los cambios que tú decidas, que no vengan impuestos por las tendencias, las marcas o los *influencers*.

- **Practica el agradecimiento.** Cuando lo haces, tu mente se centra en dar valor a muchos detalles diarios que nos pasan desapercibidos.

- **Y, si decides compararte, que sea solo como fuente de inspiración.** Hay grandísimos ejemplos de superación y de valor que merecen ser copiados.

ADMIRAR A OTRAS PERSONAS TE ENRIQUECE

Sentir admiración por alguien o por algo de otra persona es un signo de bondad, de belleza, de humildad. Los estudios demuestran que la admiración facilita el aprendizaje y nos ayuda a ser más generosos.

- Admirar nos hace sentir bien y nos enriquece, también nos permite estar pendientes de las cosas buenas.
- El propósito de practicar la admiración nos focaliza en lo positivo. Si decidiésemos salir por la mañana a admirar la vida, las personas, la naturaleza, encontraríamos mucha más belleza.
- La admiración une. Hay una correlación entre admiración y generosidad.
- La admiración influye hasta en nuestra salud física, ya que reduce los procesos inflamatorios.
- La admiración fortalece el sentimiento de comunidad, puesto que te sientes parte de esa belleza.
- La admiración no es envidia, es un sentimiento similar al amor. Admiramos todo aquello que se asemeja a nosotros.

Y tú, ¿qué admiras de las personas, de la vida? ¿En qué medida la admiración te permite aprender y aspirar a cosas más bonitas?

SÉ TU PIGMALIÓN

El poder de las expectativas tiene la capacidad de potenciarnos y hacernos creer lo que podemos llegar a ser. El efecto Pigmalión es el proceso mediante el cual las expectativas que ponemos y trasladamos a una persona la llevan a generar tal confianza y seguridad que consigue modificar su comportamiento con lo que conseguimos que se cumplan esas expectativas. Se trata de la profecía autocumplida.

El efecto Pigmalión actúa en todas las áreas de nuestra vida. Creer en nosotros mismos tiene un valor incalculable.

Te facilito dos frases maravillosas de Goethe que hacen alusión al efecto Pigmalión:

> «Trata a una persona tal y como es, y seguirá siendo lo que es; trátala como puede y debe ser, y se convertirá en lo que puede y debe ser».

> «Es un gran error creerse más de lo que uno es, o menos de lo que uno vale».

Trata de descubrir tu grandeza, tu valor, tu talento. Y, sobre todo, trata de confiar en ti.

LAS PERSONAS BONITAS

Las personas bonitas hacen cosas bonitas. Si no estás haciendo cosas bonitas no significa que no lo seas..., pero no lo dejas ver a los demás.

Las cosas bonitas son esos gestos, detalles, palabras que acarician el alma de los demás y que a la vez nos reconfortan a nosotros, solo por el gesto de ayudar.

Piensa un poco, ¿qué te hace ser una persona bonita?

SON TUS OPINIONES, NO TIENES POR QUÉ JUSTIFICARLAS

Las personas con baja autoestima, que buscan la aprobación que necesitan para sentirse seguras, tratan de que todos entiendan por qué piensan de determinada manera, por qué desean tomar una decisión. Necesitan sentirse validadas para validarse ellas mismas.

Pero los demás no siempre comprenderán por qué piensas lo que piensas o por qué deseas tomar una decisión. Si esperas su aprobación para actuar, nunca lo harás y continuarás viviendo sus vidas, no la tuya.

No trates de justificar tus opiniones, no lo necesitas. Los demás no siempre harán un esfuerzo para entenderte, más bien lo harán para seguir convenciéndote de su punto de vista.

Tus argumentos y opiniones, aun cuando estén científicamente justificados y bien argumentados, no son importantes para todo el mundo. La gente no busca una opinión distinta, no busca enriquecerse con las aportaciones de otros ni aprender; la mayoría de las veces solo busca tener razón.

LA OPINIÓN DE LOS DEMÁS NO TE DEFINE

La manera que tienen de observarte, definirte y juzgarte los demás depende de muchas variables: de su escala de valores, de sus prioridades, del vínculo que habéis compartido, del momento de tu vida en el que has tenido relación con ellos. Tú eres mucho más que un juicio de valor de alguien que solo ve una parte muy chiquita de ti.

A veces ni siquiera te define la opinión que tienes de ti, porque eres crítico, exigente, poco objetivo y desconsiderado con todos tus talentos.

¿Cómo entrenar tu confianza?

- Relaciónate contigo mismo en términos positivos.
- Refresca tus experiencias exitosas.
- Hazte amigo de tus errores y fracasos
- Anticípate y planifica.
- Pon el foco en lo que haces bien.
- Dedica más tiempo a entrenar tus talentos.
- Visualiza cómo quieres vivir el momento.
- Adopta la postura de poder.
- Prepárate y fórmate, te ayudará a mejorar la confianza en ti mismo.

EXPLORA TUS LÍMITES

Si no te pones a prueba…

- No sabrás dónde están tus límites.
- Ya habrás perdido, porque permanecerás en el punto de partida. No cometerás errores, pero tampoco darás lugar a los errores.
- Seguirás reafirmándote en la imagen de «no valgo nada, no puedo con esto».

Pregúntate:

? ¿Qué es lo peor que puede pasar?

? ¿Qué tengo que perder?

? Cuando fracaso o cometo algún error, ¿hago un análisis para ver qué cambios tengo que introducir o vuelvo a intentarlo de la misma manera?

JUGUEMOS A SER MENOS PERFECTOS

¿Sabes cuál es mi mayor placer después de haber aprendido a ser menos perfeccionista y de haber bajado mi nivel de exigencia? ¡Que todo lo que ahora hago me parece suficiente y maravilloso! Y esto es genial.

¿Con qué te atreverías a empezar a bajar tu nivel de exigencia? Venga, va, algo chiquito. Algo que puedas dejar de controlar, algo que puedas delegar, dejar de hacer. Piensa, por algo hay que empezar. Escríbelo y empieza.

CONQUISTAR OBSTÁCULOS

Para conquistar tus metas tienes que conquistar tus obstáculos. A ver, lo que se dice fácil fácil no es. No nos engañemos. Aun cuando lo cómodo nos esté perjudicando, un cambio en la vida sea del tipo que sea, nos saca de nuestra comodidad. Y en cada cambio vamos a encontrarnos obstáculos.

Así que, en lugar de bloquearnos con las dificultades, tratemos de encontrar una solución para cada limitación. Mira estos ejemplos y luego añade, si lo deseas, alguno tuyo.

- ¡Es que yo no soy hábil! → **Solución:** Practica un poquito más y disfruta.

- ¡Es que ya no tengo edad! → **Solución:** La edad limita menos de lo que te imaginas. Suele limitar más la actitud.

- ¡Imposible, me falta constancia, lo abandono todo enseguida! → **Solución:** ¡Pues no lo hagas! No dejes que los prejuicios que tienes sobre ti por experiencias pasadas condicionen el curso de un nuevo reto.

- ¡No seré capaz, nunca he hecho nada parecido! → **Solución:** Empieza por lo que te atraiga más o por lo más fácil.

DEDICA TIEMPO A TUS INNEGOCIABLES

Dedicar diariamente un poquito de tiempo a uno de nuestros innegociables es un acto de respeto y consideración hacia uno mismo.

¿Te animas a escribir tu lista de innegociables? Son esos pequeños momentos o actividades a lo largo del día que pueden durar solo unos minutos, pero te reconfortan, te ayudan a conectar contigo, a descansar y a disfrutar el día.

Esta es mi lista. No me da tiempo a hacerlo todo todos los días…, pero tenerla a mano me ayuda a centrarme y a que no se me pasen.

- Hacer deporte.
- Comer fruta y verdura a diario.
- Tomarme un café a solas mientras escribo o rotulo mis pósits.
- Ver cómo duerme mi perro Vueltas.
- Meditar.
- Cocinar con tiempo.
- Leer.
- Participar de la sobremesa después de la cena con mi marido y mis hijos.
- Ver una serie por la noche con mi marido.
- Reírme de mí misma, buscar el lado humorístico de todo.
- Desayunar fuera un pincho de tortilla y un café con leche.
- Escribir.
- Leer investigaciones de psicología.
- Pensar, aburrirme para pensar.
- Dedicar un rato a reírme con mis amigos y disfrutar de su complicidad.

NO PERMITAS QUE TE RETRASE LA FALTA DE SEGURIDAD

La seguridad está sobrevalorada. ¿Qué te parece? Quizá ahora te estés llevando las manos a la cabeza pensando: «¿Qué dice esta loca?», que soy yo. Pero es cierto, la falta de seguridad o la búsqueda de esa seguridad a menudo lleva a postergar la toma de decisiones y la implicación en nuevos proyectos, por pequeños que sean.

Me refiero al tipo de personas que necesitan sentirse seguras para empezar a actuar. Hay quienes hasta que no se sientan seguros, no mandarán un CV para encontrar trabajo, no le dirán a una persona que le atrae que desea tomar un café con ella, no compartirán con su jefa una idea brillante que mejora el rendimiento de la empresa. Y así cientos de ejemplos. Esperan a transformarse en personas seguras para hacer algo. ¿No puedes invitar a alguien a tomar café si eres una persona insegura?, ¿es que solo invitan a tomar café las que se sienten seguras? Coge a tu inseguridad de la mano y plántate donde creas que debes hacerlo.

CUIDA EL ENVOLTORIO

La primera imagen que nos creamos de una persona se forma a los primeros segundos de conocerla y luego es muy difícil cambiarla. No se trata de que acudas a una cita despampanante, porque realmente quien tiene que aportar algo de valor eres tú y no tu envoltorio.

Cuidar la imagen es un signo de respeto hacia los demás, pero, sobre todo, hacia ti mismo. Arreglarnos, asearnos y vestirnos para trabajar genera un estado de tensión positiva y de vitalidad, y predispone a nuestro cerebro a concentrarse y estar más atento. La propia seguridad que nos da estar arreglados influye en la generación de ideas y proyectos, en nuestra creatividad, en la decisión y determinación para cerrar acuerdos.

Varias investigaciones en psicología social demuestran que vestirte apropiadamente para cada situación puede afectar a la calidad de nuestras negociaciones y de nuestras ventas. Y no solo eso, estar arreglados nos da seguridad y nos cambia el estado de ánimo.

¿DÓNDE ESTÁ TU TALENTO?

Todos, sin excepción, tenemos varios talentos. Los aplicamos con tal naturalidad y facilidad que no les damos valor, por eso pensamos que no son talentos.

Te propongo unas preguntas para que les pidas a tus seres queridos, que te conocen bien, que las contesten.

? ¿Cuál es mi punto fuerte?

? ¿Qué crees que me sale solo, sin esfuerzo?

? ¿En qué situaciones, actividades, momentos, me ves ese talento?

? ¿Crees que disfruto de él?

Estoy segura de que las respuestas te sorprenderán y te agradarán.

Siéntate de forma erguida o camina derecho. La imagen que proyectas con tu comunicación no verbal da mucha información sobre ti: habla de tu seguridad y de tu confianza.

Si quieres que te tengan en cuenta adopta una postura recta, con la cabeza levantada y no gacha, sacando un poco de pecho, pero no de forma arrogante, camina con paso firme, muestra cercanía incorporándote hacia la persona que habla, oriéntate hacia el grupo y evita posturas que signifiquen una barrera, como cruzar los brazos delante del pecho.

Ahora vamos a jugar al juego de roles. En este momento eres tu mejor amigo.

- Coge papel y lápiz.
- Desde la visión de quien eres ahora, imagina qué diría de ti tu mejor amigo si alguien le pidiera que te describiera.
- Recréate en esta redacción o en esta lista.
- Cuando hayas finalizado repasa cada punto y elimina los que creas que son mentira.
- Esa lista maravillosa que ha quedado ERES TÚ.
- Sí, tú eres la visión maravillosa que tienen los demás de ti.

Un amigo es más benevolente contigo porque su amistad se nutre de todo lo que le aportas, no de todo lo que le separa de ti. Si aprendieras a contemplarte de la misma manera, te querrías más, te darías el valor que realmente tienes y te sentirías mucho más seguro.

Hoy eres la persona que hace unos meses se había planteado hacer esto: apuntarse a algo, comer de determinada manera, hacer más deporte, controlar su carácter, relajarse un poco, trabajar menos… Hoy sigues siendo la persona que se propuso metas pero que seguramente no las ha cumplido. Porque hace meses, días, años, pensaste que hoy sí serías capaz de cambiarlo.

Tranquilo, no te vengas abajo. Nos pasa a todos. Pensamos que el futuro será más tranquilo, tendremos más tiempo, nos sentiremos más relajados y seguros y que entonces seremos capaces de emprender todos nuestros temas pendientes.

Ya sabes que no es así, tu yo futuro es igual de desastre o de maravilloso que tu yo actual. Así que deja de confiar en que lo harás mañana, el lunes, el mes que viene o en el segundo trimestre del año.

Es ahora. Empieza hoy.

Las personas que nos hablan con agresividad o faltándonos al respeto lo hacen desde sus hábitos, desde sus costumbres, desde la falsa creencia de que siendo agresivas y autoritarias les haremos más caso. Muchas veces no son conscientes de cuándo elevan la voz o cuándo son hirientes.

Si alguien te falta al respeto, en lugar de atacarle, hazle tomar conciencia de lo que está haciendo. «¿Te das cuenta de que me estás gritando?». A veces una simple reflexión puede desarmarlo, hacerle pensar, abrirle la mente y llevarlo al cambio.

No permitas que la gente te hable sin respeto, pero tampoco tú te faltes al respeto. Con respeto y serenidad podrás plantar cara a quienes cruzan tus límites. Algunas veces eso tendrá consecuencias, como que se alejen de ti; otras, en cambio, incluso te lo agradecerán.

Estoy segura de que a nadie (salvo alguien que disfrute mostrándose agresivo, en cuyo caso hablamos de rasgos sociópatas) le gusta hablar mal, alto, con agresividad a sus seres queridos o a las personas con las que se relaciona. Si una simple reflexión los puede empujar a cambiar, no solo nos haremos un favor a nosotros mismos al hacernos respetar, sino que ayudaremos a otras personas a manejar su impulsividad y su comunicación violenta.

Ante los cumplidos ajenos solemos justificarnos: «Ha sido fácil», «De verdad, no me ha costado nada», «No es para tanto». Tú no sueles reconocerte tus méritos, pero ya es el colmo que evites el reconocimiento de otros y te sonrojes ante él.

Nadie te dice un cumplido, cuando es sentido, por sobreactuar. Lo dice porque siente que tu trabajo tiene valor o porque reconoce en ti cualidades dignas de admiración.

Ante los cumplidos de los demás di simplemente «Gracias». O, si lo quieres bordar: «Gracias, me alegra que te haya gustado». Además, la persona que te hace un cumplido se sentirá mucho mejor con este tipo de respuestas.

Cuando niegas o ninguneas un cumplido, invalidas lo que otra persona está sintiendo o percibiendo de ti.

SI NO DEPENDIERAS DE LA APROBACIÓN DE LOS DEMÁS...

Imagina por un momento que tienes toda la confianza para ser tú, con tu lado más real y auténtico. Si no te importara lo que los demás piensan de ti, como que puedan juzgarte…

- ¿Qué estarías haciendo en estos momentos?
- ¿Qué decisiones tomarías?
- ¿Qué harías de un modo diferente?

5. Amor a los demás

Cuando alguien piensa en ti y se esfuerza por ti te hace sentir querido. Las muestras de amor fortalecen los vínculos. Si dejamos de tenerlas, tarde o temprano pasarán a ser historia, cuando deberían ser siempre parte de nuestro presente.

El amor a los demás genera una cadena de amor en la que la persona que lo recibe se siente agradecida, y ese agradecimiento genera una fuerza capaz de seguir repartiendo amor.

Amar es atender, escuchar, priorizar, estar al servicio de los demás. Significa salir de tu interior para mirar afuera. Desde nuestro estado de bienestar, desde nuestros paradigmas, creencias, valores, no siempre sabemos conectar con lo que tantas personas necesitan de nosotros.

Y no se trata de que tú te dejes para atender a otros. Hay amor y tiempo para todos.

HAZ QUE TU AMOR LLEGUE A LAS DEMÁS PERSONAS

¿Cuántas veces al día piensas en lo maravillosos que son tus hijos, lo protectora que es tu pareja, lo afortunada que te sientes de tener amigas tan bonitas? Estoy segura de que muchas veces al día te sientes agradecida por haber podido rodearte de personas que te quieren y te ayudan. Pero suelen ser solo pensamientos, no solemos darles voz. Y si no les das voz, ¿cómo sabrán esas personas buenas y bonitas lo importantes que son en tu vida?

Llama, manda un mensaje o simplemente verbaliza las cosas bonitas que piensas de los demás. A los tuyos les hará muy feliz y se sentirán muy agradecidos de saber que los amas, que los valoras y que forman parte de tus momentos felices.

SÉ MÁS CARIÑOSO

Hay muchas maneras de mostrar cariño:

- **Cumplidos y elogios** sobre el aspecto físico, la sonrisa, lo sabrosa que ha salido la comida, por la serenidad con que te habla... Siempre hay cosas que reconocer en el otro, solo hay que enfocarnos en él para verlas.
- **Muestras físicas de cariño.** Un beso de los de verdad, un abrazo de veinte segundos hasta que generemos oxitocina y nos quedemos relajados, hacerle cosquillas mientras veis una serie en el sillón, tocar a tu pareja incitándola sexualmente, hacer el amor...
- **Ser agradecido.** Puedes dar las gracias cuando te hacen un café, cuando te alcanzan un vaso de agua para que no tengas que molestarte tú en levantarte, cuando hacen una reserva por teléfono por ti porque a ti te cuesta, incluso por colaborar más en casa a pesar de que esa sea su obligación.
- **Tener detalles.** Unas flores, abrir una botella de vino, preparar una cena romántica, un mensaje bonito, dejar un pósit en algún lugar de la casa, organizar un plan que sea atractivo para la otra persona, llamar a deshora y preguntar por cómo va la jornada de trabajo...

Que alguien sea cariñoso contigo se interpreta, conscientemente o no, como «Está pensando en mí, me tiene en sus pensamientos, soy importante, está haciendo un esfuerzo por agradarme».

AGRADA

Cuando intencionadamente deseamos agradar a otras personas lo que buscamos es facilitarles un poquito más la vida. Ser amables, serviciales, educados, facilitadores. Queremos que los demás se sientan bien a costa nuestra, desde el amor.

Para agradar, tal y como @pericoherraiz y yo enseñamos en nuestro seminario «Habilidades para una vida plena», puedes trabajar en estas tres reflexiones:

- ¿Qué aspectos de mi carácter puedo pulir para ser más agradable?
- ¿Qué suelen hacer los demás por ti para que la vida sea más atractiva?
- ¿Qué tendrías que cambiar para ser más agradable contigo mismo?

DEDICA TIEMPO DE CALIDAD
A LOS DEMÁS

Cuidar a los nuestros es dedicarles tiempo de calidad. Un tiempo en el que pondremos atención plena en la escucha, en entender cómo se sienten, en jugar con los niños, en enfocarnos en lo que la otra persona en ese momento necesita. No es preciso mucho tiempo, solo que ese tiempo sea para esa persona.

Dedicar tiempo de calidad incluye:

- No estar pendiente de la tecnología durante el momento que estamos compartiendo.
- Dejar de hablar de ti para que hable el otro.
- No mirar el reloj mostrando prisa.
- En el caso de tus hijos, jugar a lo que ellos propongan, hablar de lo que ellos necesitan...
- Verbalizar que estás a gusto, que disfrutas de ese momento.
- No llamar cuando sabes que no tienes tiempo.

ATRÉVETE A AMAR DESDE EL AMOR PURO Y NO DESDE EL AMOR RESENTIDO

Todos tenemos la necesidad de amar y ser amados. Pero ¡qué bonito cuando te aman desde un amor puro! El amor resentido hace sufrir a los otros y, sobre todo, a nosotros.

El amor resentido es fruto de:

- Experiencias negativas en el pasado.
- Enfados con nuestra actual pareja.
- Tensiones con nuestros hijos.
- Sensación de injusticia con personas que no dan lo mismo que nosotros.

Para vivir un vínculo desde el amor puro, tienes que:

- Creer en la bondad y nobleza de las personas, que no tienen interés en fastidiarte.
- Saber que hay personas que actúan mal contigo porque no saben cómo manejar sus emociones.
- Hablar con quien te ha ofendido, desde la curiosidad, desde el interés por solucionar el problema.
- Ser humilde y reconocer tu responsabilidad.
- Deshacerte del orgullo para poder resolver conflictos sin guardar rencor en la mochila.

HAZ CUMPLIDOS

La autoestima y el bienestar emocional de otras personas depende en gran parte de lo que reciben de ti. A diario podemos hacer muchísimos cumplidos, pero andamos tan ensimismados, que se nos olvida.

Puedes hacer un cumplido a la persona que te hace la limpieza dental, al frutero, a la panadera, a una compañera de trabajo, a la asistenta de limpieza de tu oficina, al portero del edificio, a tus hijos… Para ello solo tienes que enfocarte en todo lo que puedes agradecerles. La gente es maravillosa, detallista, ágil, alegre, servicial, pero no siempre se lo reconocemos. Aunque estas características de la personalidad nos parezcan de obligado cumplimiento y tendrían que ser lo normal, agradecerlas nunca está de más, y harás sentir muy bien a los otros.

Si repaso ahora mi día, me caben agradecimientos desde que empieza, en el gimnasio, a las siete de la mañana, hasta última hora, cuando voy a comprar el pan. Por mi vida pasan a diario muchísimas personas que trabajan conmigo, que me prestan sus servicios, que me atienden, que me facilitan las cosas… Solo tengo que estar pendiente de todo lo que aportan a mi vida y reconocérselo.

DEJA PROPINA

Hemos perdido la costumbre de dejar propina. La propina ha existido para ayudar al personal de hostelería, cafeterías, restaurantes, hoteles, a tener un salario más digno. Es un gesto de reconocimiento a su profesionalidad, servicio y atención.

Las personas que no dejan propina se excusan en que ellos tampoco la reciben por su trabajo o que los camareros ya cobran lo suficiente. Una excusa rácana.

Cuando pagábamos con dinero era más fácil dejar algo de propina, pero ahora, con las tarjetas, nos escudamos en que no llevamos suelto. Siempre puedes decirle al taxista «Cóbrese diez euros», en lugar de los nueve y pico que te ha costado la carrera. No es necesario llevar monedas para dejar propina.

También puedes llevar dinero suelto en la cartera. Así, aunque pagues con tarjeta, siempre podrás dejar propina. Es un gesto de agradecimiento y bondad.

SI LO QUE VAS A DECIR NO SUMA, AHÓRRATELO

Nos encanta dar nuestra opinión, aconsejar, hacer «crítica constructiva». Pero no todas las interacciones invitan a ello. A veces la persona que habla contigo ha tomado ya una decisión, o le gusta vestir de forma diferente, o solo quiere desahogarse. No necesita que la alecciones, la eduques o trates de convencerla. Tu opinión puede hacerle sentir mal.

Los demás no siempre desean escuchar tu punto de vista o tu crítica, ya que puede añadir frustración, desconcierto o dudas.

Antes de expresar tu opinión hacia la otra persona, piensa:

- ¿Necesita mi opinión?
- ¿Puede ser hiriente lo que voy a decir?
- ¿Me sentaría bien si me lo dijeran a mí?

DA LAS GRACIAS

Trata de dar las gracias verbalmente más veces al día. Las gracias se dan con un simple «Gracias» o elogiando algo de la persona con un «Muy amable, la tortilla estaba exquisita».

Un estudio publicado en la revista *Cuadernos de psicología* afirma que solemos ser agradecidos cuando otros lo son con nosotros. Es decir, la gratitud se contagia y funciona como una cadena.

No necesitas que alguien haga algo especial por ti para agradecerlo. Puedes ser agradecido incluso con lo más simple y habitual: el servicio amable en una cafetería, la atención profesional en una oficina, la sonrisa de una enfermera, que la cajera del súper te informe de una oferta… Siempre ocurren cosas maravillosas a nuestro alrededor. Solo hay que tener los ojos y los oídos atentos para percibirlas y agradecerlas.

Recuerda: «Es de bien nacido ser agradecido».

¿Te has fijado que en las películas, y también en la vida real, cuando alguien se encuentra abatido, sufre un desamor o atraviesa un mal momento, le ofrecen enseguida una taza de té o café caliente? El efecto del calor es curativo, más por razones psicológicas que físicas.

Según varios experimentos recientes, nuestra actitud hacia un extraño puede cambiar por el mero hecho de haber sujetado previamente una taza de café caliente. Una mujer cargada de libros, material escolar y una taza de té pedía por favor que le ayudaran a sujetar la taza cuando entraba en un ascensor. A veces la taza era de té caliente y otras veces de té helado. Al preguntarles después a los que habían cogido la taza por las cualidades personales de la mujer, las definiciones que dieron de ella variaron mucho según la temperatura de la taza que habían tenido en las manos. Los que habían recibido una taza de té caliente pensaban que era una mujer generosa y bondadosa. Juicios de valor a los que no llegaron quienes habían recibido una taza de té frío.

No desaproveches las oportunidades; si tienes intención de agradar a alguien, ofrece siempre una taza de té o café calentito, incluso en agosto.

Así, sin más, sin pensar en el retorno, en las ventajas, sin medir nada, sin miedo, sé una persona de bien.

Las personas de bien miran por el bien ajeno, tienen gestos con los que saben que van a agradar, ayudar, complacer, y evitan lo que puede ser crítico, humillante o molesto para los demás. En definitiva, se comportan conforme a su escala de valores.

El bien no es lo que una religión define, el bien es ser bueno. Intencionadamente bueno.

CON MUCHO GUSTO

En varias ocasiones he viajado a Latinoamérica para dar alguna conferencia. Siempre me han sorprendido el amor, la amabilidad y el respeto con que hablan a la gente. Cualquier cosa que les pides, desde un café hasta indicaciones para llegar a un sitio, la respuesta siempre va acompañada de un «Con mucho gusto…», y a mí eso me daba un gusto enorme. Esas palabras suenan a gloria.

«Con mucho gusto» implica servirte el café o darte información sobre algo desde el placer de acompañar, agradar, ponértelo fácil. La idea de que alguien tenga intención de agradar es maravillosa. A mí me despierta mucha gratitud.

Así que cuando volvía de los viajes solo pensaba en incorporar estas palabras a mi forma de expresarme. Pero se me olvida a menudo, a pesar de que trato de ser amable y amorosa cuando me relaciono con los demás.

¿Qué te parece si, para que no se nos olvide, nos proponemos el reto de contestar, cuando nos pidan algo, con un bonito, amable y dulce «Con mucho gusto»?

CEDE

Existen aspectos en los que jamás deberías hacer concesiones: tu libertad, tu intimidad, tus valores o todo lo que atañe a la pérdida de dignidad. Pero si en las relaciones de pareja, de amistad, familiares o laborales no hacemos concesiones, no habrá entendimiento posible. En cualquier tipo de relación, tienes que aprender a ceder.

Relacionarse y entenderse con quien siempre quiere llevar razón es muy complicado. Aun cuando veas algo muy claro, puedes ceder por muchos motivos:

- Agradar.
- Dejar participar al otro.
- Respetar las formas distintas de ver y hacer las cosas.
- Generosidad.
- Querer negociar.
- Humildad, porque podemos reconocer que nos hemos equivocado.
- Amor.

Tienes que saber qué es importante para ti y en qué puedes ceder terreno sin que eso signifique perder.

No confundas amor propio con egoísmo, ni tener personalidad con querer hacer siempre las cosas a tu manera.

Márcate el propósito de empezar a ceder en aquellas cuestiones que no son tan importantes para ti: la película que elegís ver, el lugar de vacaciones, el restaurante donde comer, el orden en el que se hace algo en casa, una propuesta de un compañero de trabajo, algo relacionado con la decoración…

ABRAZA

El fenómeno «hambre de piel» viene de Tiffany Field, directora del Instituto de Investigación del Tacto de la Universidad de Miami (The Touch Research Institute). Las personas estamos programadas para besarnos, abrazarnos, tocarnos. Como ocurre con muchas actividades placenteras, cuando abrazamos liberamos neurotransmisores relacionados con la tranquilidad, el bienestar y el placer: serotonina, dopamina y oxitoc ina (la hormona del amor). En un abrazo te sientes protegido, querido, aceptado y consolado.

El abrazo tiene un sinnúmero de efectos positivos sobre el organismo, entre los que destacan los siguientes:

- **Reduce el estrés y la ansiedad.** Los abrazos y el contacto físico disminuyen la producción de cortisol, la hormona del estrés, y favorecen la producción de serotonina y dopamina, responsables de la sensación de bienestar y tranquilidad.
- **Reduce la presión arterial.** El abrazo provoca la liberación de oxitocina, que activa un tipo de receptores de la piel llamados «corpúsculos de Pacini», que se encargan de reducir la presión arterial.
- **Mejora el sistema inmunológico.** Al recibir o dar un abrazo nuestro sistema inmunológico se activa y favorece la producción de glóbulos blancos, responsables de combatir las enfermedades.
- **Rejuvenece el cuerpo.** Cuando abrazamos se estimula el proceso de transportación del oxígeno a los tejidos y, gracias a eso, nuestro cuerpo prolonga la vida plena de las células y retarda el envejecimiento.

MIRA A LOS OJOS

¿Qué conclusión sacas cuando alguien no mantiene el contacto visual? Puede que interpretes que se trata de una persona tímida, que esconde algo o que se siente por encima de ti y no se molesta ni en mirarte. Ninguna de esas conclusiones dice nada positivo de esa persona. Así que trata de estar atento, mira a los ojos a aquellas personas que quieras implicar en tu conversación.

Mantener el contacto ocular indica al otro que le estás atendiendo, que te interesa lo que está diciendo, y es una muestra de educación. Con tanto móvil y tanta actividad tecnológica, te habrás dado cuenta de que a menudo hay grupos que hablan entre ellos mientras miran el móvil. Es una falta total de cortesía.

A la persona que habla contigo le gusta sentirse considerada y atendida.

EL VALOR DE LA PRUDENCIA Y LA DISCRECIÓN

Si eres de las personas que tienden a hablar más de la cuenta, si tienes dudas de dónde están los límites, puedes hacerte estas reflexiones:

- **En cuanto al contexto:** ¿Es apropiado el lugar en el que voy a emitir esta opinión? ¿Puedo ofender a alguien?

- **En cuanto a las personas:** ¿La persona que me ha contado esta información querría que yo la dijera en este círculo?, ¿La persona de la que voy a hablar querría que se hablara de ella, sobre este tema y en este contexto?

- **En cuanto al contenido:** ¿Es demasiado íntimo?, ¿Puede ser incómodo para otros?, ¿Los demás querrán saberlo?

- **Es importante preguntarse:** ¿Tengo permiso para contar lo que voy a decir?

- **Si no sabes qué decir, quizá no tienes por qué decir nada.** Puedes quedarte en silencio. A veces hablamos por hablar, no valoramos el silencio, el misterio, dejar que otros participen. En estos casos, pregúntate: ¿Es importante lo que voy a decir?, ¿Será de interés para los demás? No todo lo que decimos tiene que ser de tesis doctoral, pero hablar por hablar puede llegar a ser muy incómodo para los otros.

ESCUCHA CON ATENCIÓN PLENA

Cuando te sientes escuchado con atención plena, ese momento se convierte en un momento de acogimiento, reconforta y te da apoyo. Tienes la sensación de que alguien te está dedicando su tiempo y te sientes importante y protagonista.

Saber escuchar es una habilidad de los grandes líderes, de los buenos amigos, de las personas con las que nos sentimos a gusto.

Para escuchar de verdad, poniendo cabeza, corazón y atención, necesitas:

DECIDIR SI ES EL MOMENTO ADECUADO

A pesar de que deseas escuchar con atención a quien te necesita, no siempre es el momento oportuno para ti. Tienes todo el derecho del mundo a expresar a la persona que ese no es un buen momento, que desearías escuchar con atención lo que tiene que contarte, pero que por el motivo que sea ahora no puedes. Dile cuándo podría ser y emplaza a la persona a quedar en otro momento.

VALORAR ESE MOMENTO

Estás viviendo un momento especial con alguien que te va a confiar algo, una historia, un problema, una alegría… Es un momento que, sin lugar a dudas, no se repetirá, así que empieza por darle valor.

PRESTAR ATENCIÓN PLENA

Nuestra capacidad de atención es muy limitada y no podemos hacer dos cosas a la vez. Si alguien necesita hablar contigo y tienes tiempo para ello, desconecta de todo para conectar con esa persona.

COMUNICACIÓN ELEGANTE

Si supiéramos comunicarnos con un poco más de elegancia, las relaciones sociales y profesionales serían mucho más sencillas. Y podríamos disfrutar de ellas bastante más.

- Ojo con la sinceridad. Muérdete la lengua, no puedes verbalizar todo lo que te pasa por la cabeza.
- Cero cotilleos. Nadie se fía de los imprudentes, bocazas o chismosos.
- Cuida tus formas.
- Ante la duda, calla.
- Interésate por la otra persona, por su vida.
- No interrumpas. Es de mala educación hacerlo.
- No exijas, mejor pide.
- Mas que escucha activa, escucha con atención plena.
- Haz que la gente se sienta bien consigo misma.
- Por encima de todo, respeto. El respeto es mucho más que no gritar o no insultar.

TEN DETALLES

Tener detalles con los demás es transmitir que has pensado en la persona. Un detalle es un gesto de amor, de aprecio y gratitud.

- **Ten un detalle con la persona que te invita a su casa.** No es ñoño, es ser detallista. Cuando te invitan, un signo de agradecimiento es pensar en la persona y llevar un detalle apropiado. Si además puedes personalizarlo y poner una nota de agradecimiento, mejor que mejor.
- **Llama o escribe a quien atraviesa un mal momento.** Aunque tú creas que puedes ser inoportuno o que no sabes cómo hacerlo, te lo va a agradecer. Lo que es incómodo para esa persona es que se olviden de ella.
- **Escribe un mensaje de gratitud a un amigo.** Sin más, solo por el hecho de recordarle lo importante que es en tu vida.
- **Compra algo que pueda gustar.** No se trata de gastar dinero ni de enfocarnos en lo material, pero si por una casualidad encuentras el libro que tu amiga estaba buscando, una libreta con un mensaje que encaja con un amigo o un detalle que sabes que le va genial, cómpraselo.
- **Felicita cumpleaños, aniversarios, santos...** A la gente le gusta que se acuerden de ella en las fechas señaladas. No vale la excusa de que no te acuerdas, es tan fácil como anotarlo.
- **Deja notas con mensajes bonitos, de amor, de agradecimiento, de motivación.**

LAS PALABRAS NO SE LAS LLEVA EL VIENTO, DEJAN CICATRICES

Las palabras pueden dejar profundas cicatrices. Tendemos a relajar nuestra forma de expresarnos con aquellas personas a las que amamos porque nos parece que el amor lo aguanta todo, pero no es así. Aprender a expresarnos desde el respeto y el amor es básico para la supervivencia de las relaciones más íntimas y profundas.

¿Sueles descuidarte más en las formas y el contenido cuando hablas con tus hijos, tus padres o tu pareja? ¿A que con ellos te permites una serie de licencias que no te permitirías con tus amigos, tu jefe o tus compañeros de trabajo?

Todo lo que verbalizamos, aunque sea desde un estado emocional alterado y luego nos arrepintamos, a la otra persona le genera un impacto. Desconocemos el momento emocional en el que está esa persona, su sensibilidad, su forma de encajar, entender e interpretar tu comentario. Así que trata de ser cuidadoso, respetuoso y educado también al hablar con tus personas más cercanas.

OJO CON LAS CONCESIONES QUE HACES

Sé prudente y reflexivo en el momento de hacer concesiones. Algunas pueden salirte muy caras.

Con toda nuestra buena intención, a veces hacemos concesiones que acaban convirtiéndose en rutinas o reglas para otras personas. Hacemos concesiones para ayudar, favorecer, agradar, pero puede que la persona que las recibe no las tome como una excepción, sino como la norma.

Si vas a hacer una concesión que luego no desearás mantener, sé claro desde el principio, no pienses que la otra persona ve las cosas con la misma claridad que tú.

¿PUEDO CONFIAR EN LA OTRA PERSONA?

La confianza es clave para poder disfrutar de relaciones honestas de cualquier tipo y compartir intimidad. ¿Cómo saber si puedes confiar en alguien?

Hazte estas preguntas sobre esa persona:

- ¿Habla mal de otras personas?
- ¿Comparte información o fotos sin permiso?
- ¿Habla de temas muy íntimos o incómodos?
- ¿Es imprudente?
- ¿Es impulsiva?

MANEJAR LOS CONFLICTOS

A muchas personas les resultan violentísimos los conflictos. Tendemos a evitarlos, pero un conflicto no es más que una diferencia de opiniones o de posturas. Si aprendemos a gestionarlos con amabilidad y educación, ganaremos en bienestar y oportunidades.

Aquí te ofrezco unas claves:

- Entiende que el conflicto forma parte de tu vida.
- Escucha a la otra parte.
- Sé empático.
- Ten claro cuál es el objetivo común, por qué os interesa solucionar el conflicto.
- No te tomes el conflicto como algo personal.
- Acepta el derecho de los demás a no compartir tus ideas o tus propuestas.
- Desecha la agresividad, tanto verbal como gestual.
- Olvida la imagen o etiqueta negativa que tengas de la otra persona.
- Trabaja la creatividad.
- Sé agradecido con la actitud conciliadora de los demás.
- Si la otra persona se descontrola y te falta el respeto, corta la reunión.
- Si el cansancio se apodera de vosotros, pospón la reunión.

¿Cuáles son las consecuencias de evitar los conflictos? Desde problemas físicos hasta ser un desgraciado. Sí, sí, reprimir emociones y realizar cosas que no deseamos puede desembocar en trastornos psicosomáticos.

CÓMO PRESTAR AYUDA

Somos seres «ayudadores», pertenecemos a la tribu y hemos sobrevivido gracias a la ayuda que nos prestamos unos a otros. Es genial ser independiente, autónomo, responsable y maduro, pero solo no puedes con todo. Las adversidades que hemos vivido estos últimos años nos han demostrado que nos necesitamos y que, sin la ayuda de nuestra red de apoyo, estamos perdidos.

Prestar ayuda no es llegar y decirle al otro lo que tiene que hacer u ofrecerle lo que creemos que necesita. ¿No te ha pasado alguna vez que cuando alguien ha deseado ayudarte a su manera te ha estresado aún más? A veces nos ofrecen lo que no podemos hacer o lo que no necesitamos. Y encima nos sentimos culpables por no aprovechar lo que nos ofrecen.

Y es que prestar ayuda no es nada fácil, requiere unos ingredientes y valores que faciliten que el otro acepte y se deje ayudar.

- Antes de ofrecer ayuda, acepta las diferencias.
- Busca el momento adecuado para ofrecerte.
- Más «qué necesitas» y menos «lo que tienes que hacer es...».
- Di concretamente en qué puedes ayudar.
- Ayuda sin condiciones.
- Tu ayuda tiene que facilitar la vida al otro.
- No pases factura después.
- Acepta que la otra persona no desee tu ayuda.

DARNOS A LOS DEMÁS

- Para crear una cadena de personas buenas y bonitas.
- Porque hay personas que necesitan ayuda.
- Porque nos educa en la generosidad, la solidaridad y el sentimiento de pertenencia.
- Porque ayuda a relativizar. La gravedad de los problemas de otros permite que veamos los nuestros desde otra perspectiva.
- Porque ayudar forma parte de nuestra naturaleza. No dejes que te confundan con ideas basadas en el individualismo.
- Porque los neurotransmisores y hormonas como la oxitocina (hormona del amor y de la compasión) se estimulan cuando ayudamos a los demás.
- Porque se educa con el ejemplo. ¿Quién tiene que sembrar primero? No lo dudes, tú. Si todos nos hiciéramos esta pregunta no se involucraría nadie.
- Porque en el momento en que te das a otros, también te estás dando a ti. Sienta bien ayudar a los demás, y no es incompatible darse a los demás con darse a uno mismo.

¿Cómo te sientes tú cuando te das a los demás?

A nuestro alrededor tenemos muchas personas que nos facilitan la vida. Consiguen que nos sintamos arropados, seguros, amados, ilusionados, y no siempre conocen el impacto positivo que su forma de ser tiene en nuestra persona.

Te animo a que llames a esas personas y se lo hagas saber. O puedes sustituir la llamada por un mensaje maravilloso.

¿Qué podrías hacer en este momento para facilitar la vida de alguien? Mandar una receta que le encanta a una amiga, jugar con alguien online, enviar una canción que te recuerde a esa persona, bailar por videoconferencia con otra persona, ponerte un reto con un amigo para ayudarle a tener una vida más activa o saludable.

¿Qué facilita la vida de los que tienes a tu alrededor?

INTERÉSATE POR LOS DEMÁS

Hay una diferencia grande entre interesarse por los demás y ser un cotilla o un entrometido. Quien se interesa por los demás tiene deseo de escuchar, de saber qué inquieta, alegra, motiva al otro, desea ser partícipe de lo que su amigo o compañero desea contar, no busca enterarse de lo que el otro no desea compartir, ni manipular a la persona de ninguna manera.

Interesarse por los demás implica preguntar cómo se encuentran y cómo va su vida, el trabajo, la familia, cómo siguen los que están enfermos, los que están atravesando problemas. También implica interesarse por los aspectos positivos y mostrar entusiasmo por las alegrías de los otros. Los amigos, los compañeros de trabajo, la gente en general, suelen sentirse muy agradecidos cuando nos interesamos sincera y honestamente por sus vidas. Es un gesto que permite empatizar y afianzar los vínculos.

Es tan sencillo como preguntar: «¿Cómo estás?», «¿Cómo te va?», «¿Cómo te encuentras?».

No siempre que otra persona está mal tienes que hacer algo. No eres un bombero apagando fuegos. Escucha, la escucha de por sí ya es curativa. Ocuparse de algo que nos afecta, aunque sea de terceras personas, no siempre implica solucionar algo. Ocuparse también puede ser una cosa tan sencilla como conectar y estar.

A veces nos sentimos tan responsables de lo que siente otra persona, que en lugar de escuchar cómo se siente y qué le ocurre actuamos como bomberos socorriendo u ofreciendo soluciones que no necesita. Queremos quitarnos la culpa de algo que no es culpa nuestra. Queremos ayudar, solucionar, salvar. Y quizá esa persona no necesita soluciones ni salvamento, solo escucha.

Si escucháramos con más atención a la pareja, los hijos, los amigos, en lugar de sentirnos responsables de solucionarles sus problemas, podríamos ayudar a que ellos encontraran el camino, la idea o el momento para hacer frente a sus preocupaciones y emociones.

DEDICA UN MOMENTO DE CALIDAD A OTRA PERSONA

Pueden ser dos minutos, una conversación, una sonrisa, una escucha temática, hacer cosquillas a tu pareja, abrazar con todos los sentidos, una llamada de teléfono en la que te intereses sinceramente por esa persona, un café con un compañero de trabajo o un comentario de agradecimiento a quien te pone el café todos los días en la cafetería donde desayunas.

No hace falta pasar mucho tiempo con esa persona. Pero sí que el tiempo que le dediques sea honesto y le prestes toda la atención.

6. Vivir en pareja desde la serenidad

Son pocas las personas que prefieren estar solas que bien acompañadas. Y es que vivir en pareja, cuando se está a gusto, hasta alarga la vida. Vivir en pareja implica renuncias, pero también nos aporta amor, complicidad, admiración, compañía, un proyecto de vida, la alegría de compartir.

La convivencia no es fácil, nadie nos enseña a convivir. Fíjate si es complicada que los cuentos de príncipes y princesas terminan el día de la boda: «Fueron felices y comieron perdices». Hala, y ahí te las apañes el resto de tu vida.

A continuación te presento una serie de consejos que pueden facilitarte la vida en pareja. Con un poquito de comprensión, respeto, comunicación, generosidad y grandes dosis de amor, lo tenemos casi todo hecho.

Para conocer cuáles son los valores de tu pareja, puedes:

- Hablar de vuestros planes de futuro y comprobar si son parecidos. Dónde queréis vivir, cómo deseáis educar a los niños, qué colegios preferís, cómo deseáis pasar el tiempo de ocio, qué vínculo deseáis tener con la familia política, cómo serán vuestros ahorros, finanzas, economía, en qué vais a invertir...

- Utilizar noticias, series, situaciones reales, para hablar de cómo cada uno de los dos reaccionaría ante determinada situación. ¿Qué pasaría si os encontrarais con una cartera perdida con quinientos euros?

- Hablar directamente de valores. ¿Qué valores son importantes para cada uno de vosotros? ¿Qué significan?, ¿cuáles son los límites?

- Tener claro qué es innegociable en cuanto a valores. ¿La fidelidad, la falta de respeto, la mentira, la higiene?

¿ADMIRO LOS VALORES DE MI PAREJA?

Si hay algo que da sentido a tu vida es vivirla de acuerdo con tus valores. La pareja forma parte de nuestra vida y si chocamos y discrepamos en valores, lo normal es que surjan conflictos. Una persona que no comparte tus valores termina por decepcionarte.

Pregúntate:

- ¿Estoy en la relación de pareja que yo quería? (No me refiero aquí a la persona sino a la relación).
- ¿Estoy viviendo mi vida dentro de esta relación como me gustaría?
- ¿Me siento libre en esta relación? ¿Puedo ser como soy?
- ¿Siento orgullo de las decisiones, comportamientos, ideas, comentarios de mi pareja? ¿Me generan admiración o rechazo?
- ¿Admiro su moral, su ética?

CONOCE TUS NECESIDADES EN PAREJA

No todas las necesidades de una persona las tiene que satisfacer con su pareja. Si esperas que tu pareja satisfaga todas tus necesidades, te sentirás muy frustrado y puede que también la frustres a ella. Hay actividades que tendremos que realizar solos, con amigos o en un grupo que comparta nuestra misma afición.

Cuando nos comportamos según las necesidades de los demás en lugar de atender a las nuestras, también solemos echarles la culpa a los demás cuando somos infelices: «Es que tú te empeñaste en venir a este restaurante que a mí no me gusta».

Piensa qué tienes pendiente de hacer. Piensa también qué sueles exigir o en qué sueles enfadarte con tu pareja porque crees que no le satisface. «No vamos al cine porque a ti no te gustan las películas alternativas», por ejemplo. Y cuando hayas confeccionado la lista piensa con quién podrías ir al cine o realizar lo que tengas pendiente.

¿TU RELACIÓN ESTÁ EN ÉPOCA DE VACAS FLACAS?

Una relación de pareja marchita, aburrida, sin chispa puede sumirnos en un bucle muy negativo. ¿Tendrá solución?, ¿Acabará rompiéndose?, ¿Me dejará?, son las preguntas que surgen.

Chequea estos puntos y, si ves que flaqueas, busca soluciones:

- Malinterpretas lo que el otro dice.
- Pierdes interés en compartir las cosas bonitas que te pasan.
- Estás por estar.
- No te hace ilusión planificar proyectos juntos.
- Habéis perdido los detalles: palabras cariñosas, notas, mensajes.
- Dudas de querer a la persona.
- ¿Sexo?, ni locos.
- Te aburre.
- No sientes admiración por tu pareja.
- Evitas los momentos de estar a solas.
- Hablas de malas maneras, contestas, elevas la voz en momentos en que antes no lo hacías.
- Te da igual y pierdes interés por la vida del otro.
- Acumulas dolor.
- Haces reproches.
- Faltas al respeto a tu pareja.

A veces una terapia de pareja puede ayudar a reconstruir lo que parece marchito.

DÉJALE MARCHAR, TIENES DERECHO A UNA RELACIÓN DE AMOR SERENA

Lo siento, a veces hay que dejar marchar al otro para poder volver a empezar.

Ten en cuenta estos ingredientes:

- Tienes derecho a una historia de amor serena.
- Las personas cambian poco.
- No estás solo.
- El duelo es pasajero.
- Para dejar entrar tienes que dejar salir.

BESA

- **Besarse es un acto de cercanía.**
- **Los actos de amor, como besarse, acariciarse o abrazarse, son una fuente de salud física y emocional.** Liberan neurotransmisores como la serotonina, las endorfinas y la dopamina, reguladores de nuestras emociones positivas y de nuestro bienestar.
- **Besar baja la tensión arterial.** Andréa Demirjian, autora del libro *Kissing: Everything You Ever Wanted to Know about One of Life's Sweetest Pleasures*, afirma que besar dilata los vasos sanguíneos y acelera el latido del corazón. Con un beso se activan hasta unos treinta músculos faciales.
- **Los besos reconcilian.** Darse un beso después de discutir es la mejor manera de poner un final sincero a una discusión. Como diría Octavio Paz: «Un mundo nace cuando dos se besan».
- **Los besos potencian las relaciones sexuales.** Un beso es el preludio, estimula y excita. En el caso de las mujeres, los besos son una parte fundamental de los preliminares, ya que contribuyen a acrecentar el deseo hacia la pareja, según afirma un estudio de la Universidad de Albany.
- **El beso es comunicación.** «En un beso, sabrás todo lo que he callado», escribió Pablo Neruda. ¿Cuánto amor, cuánta pasión, cuánta ternura puedes expresar con un beso cuando las palabras se quedan cortas?

- No suelta el móvil en los momentos de intimidad, en una conversación, a la hora de comer, dando un paseo, haciendo algo juntos.
- No comparte contigo temas íntimos o suyos.
- No te hace reír.
- Se prioriza siempre y no te dedica tiempo.
- No muestra interés por ti ni por tus cosas.
- Tus hijos le suponen un problema.
- Coquetea con otras personas, aunque te diga que son solo amigos o amigas.
- Tienes la certeza de que te miente, te oculta algo o mantiene un doble juego.
- Se aprovecha de ti en cualquiera de los sentidos.
- No desea conocer a tus amigos, a tu familia, a las personas que son importantes para ti.
- Tú deseas un compromiso y él o ella te da largas.
- No compartes su escala de valores respecto a las relaciones, la vida, el futuro.
- No cumple con su palabra.

CONSEJOS PARA HABLAR DE TEMAS QUE PUEDEN GENERAR TENSIÓN EN LA PAREJA

- Encuentra el momento para tocar temas tensos de los que no te gusta hablar para evitar el conflicto. Un momento en que ambos tengáis tiempo y estéis receptivos.

- Elige un lugar tranquilo de tu casa para poder hablar.

- Necesitas tiempo, no se puede hablar deprisa y corriendo. Quizá tu pareja está deseando ver un directo de Instagram, si es así no le ataques diciendo que el directo es más importante que tú. Espera el momento adecuado.

- Habla cuando los dos os encontréis anímicamente tranquilos. El estado de ánimo no puede estar alterado.

- Utiliza palabras amables, cargadas de cariño, incluso para expresar malestar.

- No ataques a la persona, no le digas: «Tú eres...», «Es que tú...».

- Expresa cómo te sientes, triste, sola, cargada de trabajo. Puede que tu pareja desconozca la gravedad o cómo te afecta eso que te molesta tanto.

- Y dile, por favor, lo que esperas de él o ella, no lo des por supuesto. Seguramente lo desconoce.

NO SUPLIQUES EL AMOR DE QUIEN NO TE LO QUIERE DAR

Suplicar el amor de alguien que no te ama es pedir un imposible. Por eso no deberías hacerlo, no por un tema de dignidad o de respeto hacia ti mismo; la dignidad y el respeto no se pierden por implorar amor. Amar y desear no es un acto de voluntad, no es algo en lo que tu pareja pueda ceder. Es algo que se siente o no se siente.

Las relaciones se terminan, muchas veces sin un motivo aparente. A veces no hay una tercera persona, ni un problema grave de valores o de comunicación, sencillamente, el amor se muere. Alguien puede dejar de estar enamorado de ti a pesar de que tú y la otra persona sigáis siendo maravillosas.

Por mucho que insistas y trates de hacer ver que todo puede cambiar, que se puede recuperar la chispa, que le digas que tú cambiarás, que le pidas una oportunidad o le pidas que se la dé a la relación, en este momento no es eso lo que tu pareja siente. Así que, ¿por qué le dará una oportunidad a algo que no desea?

CÓMO AFRONTAR UNA NUEVA RELACIÓN DESPUÉS DE HABER SUFRIDO

La vida es bonita porque nos brinda segundas oportunidades. ¿Te imaginas que después de un fracaso amoroso no pudiéramos rehacer nuestra vida?, ¿que tuviéramos que renunciar al amor? Reinventarse después de una ruptura no siempre es fácil.

- **Partimos de cero.** No puedes juzgar a la persona que llega a tu vida según tus experiencias del pasado. Se merece un inicio, un partir de cero.

- **No te precipites.** El enamoramiento es una etapa confusa en la que tendemos a ver y proyectar en el otro lo que deseamos ver.

- **Ten claro qué tipo de relación quieres y qué proyecto de vida.** Trata de tener las ideas claras sobre cuáles son tus valores, tus aficiones o tu proyecto de vida.

- **Ojo si tienes hijos.** Los niños necesitan estabilidad y aunque tú quieras normalizar tu enamoramiento, espera a que haya un poco de estabilidad en la relación antes de presentarles a tu nueva pareja.

- **No negocies ni sientes precedentes con tus innegociables.** Cuando estamos enamorados lo damos todo, pero si sientas precedentes, luego será complicado volver atrás. ¿A qué no quieres renunciar?

- **Sé tú.** No trates de fingir, de caer bien presentándote como no eres. Sé tú, con tus ideas, tu forma de vestir, tus manías, tus valores, tus límites. Aunque al principio sea fácil fingir con tal de encajar, luego te será muy complicado mantener una personalidad que no es la tuya.

¡Tengo una cita! Es excitante saber que tienes una cita. Suele ser con alguien nuevo al que vas a conocer, alguien que te atrae y a quien deseas atraer.

En cambio, si la persona con la que sales esta noche es tu pareja actual, no te emocionas de la misma manera. Pero, si hoy salieras a cenar por primera vez con tu actual pareja…

- ¿Qué te pondrías?
- ¿Qué temas de conversación sacarías?
- ¿Cómo sería el ritmo y el *flow* de la cena?
- ¿Te perfumarías?
- ¿Mirarías el móvil?
- ¿Serías más atento, educado, amable, simpático que en una cena como las de ahora?

¿Qué te impide hacer todo esto? La comodidad. De vez en cuando hay que romper con ella para no caer en la dejadez.

Cierra una cita esta semana con tu pareja y empieza a emocionarte con ella.

HABLARNOS CON AMOR CUANDO ESTAMOS ENFADADOS

¿Cómo puedo hablar con mi pareja desde el amor cuando nos enfadamos?

- Pregúntate: ¿Esta emoción que estoy sintiendo fruto del enfado me permite hablar desde el amor y el respeto? Si la respuesta es «No», para.

- Reflexiona: ¿Tengo la certeza de que, si hablo a voces, reprochando algo, insultando, con violencia, voy a conseguir un cambio o que me escuche? Si la respuesta es «No hay certeza», cambia de estrategia.

- ¿Amo a mi pareja? ¿Le deseo cosas buenas en general en la vida? ¿Le voy a herir con esta conversación? Si la respuesta es «Sí», para.

- Si deseas entrar en la conversación directamente desde el amor, empieza siempre con una palabra amable, tipo «Cariño, ¿podemos hablar de...?». Sustituye la palabra cariño por la que tú creas más oportuna.

- Ahora solo tienes que regular la velocidad, entonación y volumen para hablar desde la amabilidad. ¿Cómo se expresan dos personas que se hablan amablemente?

- Convéncete a ti mismo de que puedes hacerlo. Muchas parejas se tienen ya etiquetadas como parejas que no pueden hablar, que no saben hacerlo, y estas etiquetas les llevan a caer siempre en los mismos errores para los que se han preparado.

Párate a pensar en lo que te gusta de tu pareja y dale valor. Es complicado sentir pasión por alguien a quien solo le ves defectos, y también lo es saber qué ofrecer al otro si desconoces qué valora.

A veces sentimos que le damos mucho a nuestra pareja, pero eso que damos no siempre tiene valor para el otro. Comunicar lo que valoramos en la pareja es dar información sobre lo que suma, lo que la alimenta.

¿TE SIENTES ELEGIDO?

En una relación de pareja es importante sentirte elegido.

Significa saber que la pareja está contigo porque tú eres especial y su prioridad o, por lo menos, una de sus prioridades.

Tú no eres solo:

- La madre o el padre de sus hijos.
- La persona cómoda con la que no discute pero a la que no desea.
- La que hace la vida fácil.
- La que se lleva bien con su familia.

Tú necesitas sentirte admirado, único, especial, y saber que eres una prioridad para tu pareja.

CUIDA LA INTIMIDAD Y LA SEXUALIDAD EN LA PAREJA

Sin darse cuenta, muchas parejas desatienden la intimidad, tanto la sexual como en las conversaciones, la intimidad entendida como compartir tiempo de calidad.

¿Por qué ocurre eso? Estas son algunas de las razones:

- Aparecen otras prioridades; los hijos, por ejemplo.
- Creemos que tendremos tiempo toda la vida para «el buen querer», pero si no se practica, el buen querer se olvida.
- El nivel de exigencia y el ritmo de vida que llevamos nos conducen al agotamiento y entonces funcionamos en modo básico: comer, dormir, descansar, educar a los hijos...
- Hay roces y problemas de la vida cotidiana que se enquistan, nos alejamos de nuestra pareja y lo primero que desatendemos es la intimidad. No apetece intimar con quien sueles discutir.
- En cuanto a las relaciones sexuales, a veces sucede que no se disfrutan, falta comunicación, creatividad, juego...

Empezad por hablar, por conocer la motivación de la pareja para el cambio, por reconocer qué cambio tiene que dar cada uno y por comprometerse con ello.

En la pareja no basta con hablar, lo importante es entenderse. Se trata del nivel superior de la buena comunicación. Para que haya entendimiento, necesitáis...

- Kilos y kilos de voluntad de comprenderse.
- Empatía, cuanta más, mejor.
- Un puñado generoso de escucha sincera y atenta.
- Respeto, todo el que tengáis en la despensa.
- Educación. Este ingrediente nunca falla, le da un sabor delicioso.
- Paciencia. A fuego lento todo se hornea mejor.

LA CAJA DEL SEXO

Coged una caja y llenadla con todo lo que os gusta que os haga la pareja en la intimidad. Escribid vuestros deseos y sed explícitos. Por ejemplo, puedes escribir: «Me encanta que me beses el cuello cuando me abrazas y que me digas las ganas enormes que tienes de hacerme el amor. Eso me pone a mil por hora, y cuanto más sugerente es tu voz, más me excitas». Cada uno de los dos debéis dejar en la caja vuestros deseos, fantasías y todo aquello en lo que deseéis ser complacidos.

Escribir lo que deseas sexualmente cuesta menos que verbalizarlo. Muchas mujeres dicen que es poco romántico pedir de forma tan explícita lo que les excita. Dejar una nota en la caja es dar pistas, pero con misterio, porque nunca sabes qué deseo va a sacar ni en qué te va a complacer. Probad a ir sacando papeles cada vez que os apetezca dar placer al otro. Si tienes dudas sobre si la pareja va a estar receptiva o no, pregúntale: «¿Qué te parecería que sacara una papeleta de tu caja del amor y cumpliera tus deseos?».

Está fuera de lugar reprochar nada al otro si no saca ningún papel. La caja es para sumar, no para medir quién saca más y quién menos. No hay obligaciones, ni presiones ni estrés, solo la idea de complacer cuando tengáis ganas y tiempo.

Y no metáis cosas en la caja que sabéis de antemano que la pareja rechaza. Si una de tus peticiones es que te practique sexo oral, pero a tu pareja no le gusta, descártalo de entrada.

CUIDADO CON LAS RENUNCIAS QUE HACES EN PAREJA

En cualquier relación de pareja, familiar, de amistad, laboral, hacemos renuncias. Forman parte de la convivencia y de valores como la generosidad y el amor. Pero cuidado con el tipo de renuncias que haces. A veces suponen pérdidas importantes, incoherencia con tus valores, descuidar tu tiempo o incluso faltarte al respeto. A veces es preferible perder a la persona que perderte tú.

- ¿Te ha pasado?
- ¿Has dejado de ser tú para complacer?
- ¿Has dejado de practicar tus aficiones o de tener tus ratitos a gusto contigo porque te lo haya pedido tu pareja?
- ¿Has cambiado tu forma de vestir, de reír, de relacionarte, de expresarte, porque tu pareja la veía poco apropiada?

¿QUÉ TE ENAMORÓ DE TU PAREJA?

Busca qué te enamoró de tu pareja en lugar de encontrar sus defectos. La pareja también depende de nuestro foco de atención. Si te dedicas a estar más pendiente de que no colabora, que ha cogido peso, que estáis de vacaciones y sigue hablando por el móvil, que no es responsable con lo que a ti te gustaría…, te pasarás todo el día criticando lo que hace o deja de hacer.

Dedica unos días a hacer un ejercicio consciente. Juega a encontrar lo que te seduce, lo que suma, lo que le valoras. Prueba a acabar todos los días esta frase: «Me volvería a emparejar/casar contigo por…», y comunícaselo. Luego pídele a tu pareja que haga lo mismo. Verás la cantidad de comentarios chulos que sacáis y lo bien que os sentís con ellos.

HAZ MÁS EL AMOR

- Habla, habla y habla. De lo que te gusta, de lo que rechazas, de lo que te excita, de todo. Cuanto más sepa tu pareja de ti, mejor podrá complacerte.

- Busca un momento apropiado: la mañana, la noche, el fin de semana. No te pongas con el tema si no te apetece, porque asociarás emociones desagradables a algo tan placentero como el sexo, pero tampoco te abandones. Cuanto más practicas el sexo, más apetece. Así que pacta con tu pareja los momentos que serán vuestros.

- Abre la mente a la fantasía, a los juegos, a conocer y a explorar. Si siempre haces lo mismo y en la misma postura, te aburres y aburres al otro. Si todos los días comieras lo mismo, también terminarías aburriéndote.

- La complicidad que tienes con tu pareja durante el día, los detalles, un mensaje o una nota influyen en el vínculo que se genera en la pareja y en las ganas posteriores de hacer el amor. Cuida los detalles románticos durante el día para hacer el amor por la noche con ganas.

- Piensa en el otro, pero piensa también en ti. Si solo estás pendiente de complacerle a él o a ella, dejas de disfrutar de lo que ocurre con tu cuerpo. Hay tiempo para los dos.

ACEPTAR AL OTRO

Una relación de pareja serena pasa por aceptar partes de la pareja que no nos encajan, pero con las que podemos convivir. Si deseas estar al lado de tu pareja, tienes que aprender a perdonar y aceptar. Y solo se puede perdonar desde el amor profundo.

«Pero es que me lo hace continuamente», «No presta atención», «Es que no va a cambiar nunca», «Es que siempre está igual», verbalizamos estas expresiones cada vez que nuestra pareja se comporta de una manera que no aceptamos. Pero los reproches, querer corregir al otro continuamente, solo llevan al distanciamiento. Si la persona con la que estás es con la que deseas seguir estando, piensa primero si eres capaz de convivir con lo que no te gusta de ella. Si es así, debes aceptarlo y perdonarle cada vez que ocurra.

CHEQUES CANJEABLES

Agradar es amor, es el acto voluntarioso de querer complacer y atender a tu pareja.

En este caso se trata de complacer al otro a través de cheques con actividades que agraden a tu pareja. Te voy a hacer propuestas de cheques canjeables, pero lo ideal sería que tú elaboraras los tuyos con lo que agrade a la persona a la que deseas sorprender.

Muy importante: no escribas un cheque canjeable con alguna actividad que tú quieras hacer pero que no sea del agrado de tu pareja. Por ejemplo, no escribas: «Vale por una clase de equitación juntos», si sabes que a tu pareja le da pavor montar a caballo.

- Vale por una sesión de masajes.
- Vale para hacerte la cena toda la semana.
- Vale por encargarme de dar de baja el contrato del móvil.
- Vale por una sesión de cosquillas.

ACEPTA LA RUPTURA DESDE LA SERENIDAD

Para que la ruptura no dañe tu autoestima ni altere mucho tu serenidad, puedes tratar de:

- **No hacer atribuciones erróneas sobre lo que ha sucedido.** Puedes responsabilizarte de algunos conflictos, pero no puedes responsabilizarte de todo, no es real. A veces simplemente no encajamos, ya sea por diferencias en el proyecto de vida, por tener escalas de valores distintas o una forma diferente de pensar y de vivir.
- **Pensar en todo aquello que volverías a hacer.** A pesar de que la relación se haya roto, seguro que hay muchas experiencias positivas, detalles que has retenido, decisiones que volverías a tomar, aprendizajes que te han hecho crecer y ser mejor persona.
- **Entender que las relaciones pueden fracasar**, pero que esto no significa tu fracaso como persona. Tú eres una persona maravillosa a pesar de esa ruptura. Y no eres solo pareja, eres madre, amiga, familia, persona. Una pareja con éxito o una ruptura no nos define.
- **Aceptar.** Cuando luchamos y nos rebelamos contra una situación que no tiene vuelta atrás, perdemos energía en el lugar equivocado. Nos sentimos furiosos, tristes y frustrados, y estas emociones no ayudan a buscar soluciones.

MEMORIA, AMOR Y EMOCIÓN

Todo aquello que recordamos suele generarnos las mismas emociones que vivimos cuando sucedió. El recuerdo de situaciones amorosas, intensas, sorprendentes, hará que vuelvas a revivir esas emociones. Y sentir nos une.

Podéis elegir cada uno un momento que queráis recordar y dedicar una cena a hablar de ello. Podéis alternar quién propone los temas, un día uno, otro día el otro. Momentos como «cómo nos conocimos», «algún viaje romántico y bonito». Una cena sin tecnología, dedicada al otro, a la escucha atenta, a la curiosidad: «¿Cómo recuerdas tanto ese detalle? A mí se me había olvidado, qué gracia que te impactara tanto».

TEMAS DELICADOS EN PAREJA

Algunos temas pueden ser muy conflictivos. Pueden afectar a la autoestima de tu pareja o invadir su intimidad y privacidad.

Hay una delgada línea entre ser sinceros y ser maleducados. No podemos verbalizar todo lo que nos pasa por la cabeza acerca de nuestra pareja.

Ojo con:

- Hablar de la familia política. Cuando no nos cae bien no solemos tener filtro y podemos ser muy crueles.
- Hablar de los secretos de los amigos.
- Hablar de tu vida anterior a tu pareja.
- Hablar de aspectos de la personalidad, debilidades, defectos que no se pueden cambiar, hay que hacerlo con mucho tacto.
- Hablar de lo que pueda doler, molestar al otro, y que no es perjudicial para la pareja, por ejemplo, alardear de lo bien que te sientes cuando estás solo.
- Comparar tu pareja con otras.
- Hablar de tus rupturas, problemas, criticar a tus ex.

PIENSA CON SERENIDAD

1. Pensar sereno

Ya nos gustaría, pero ni controlamos la mente ni la mente puede controlarnos a nosotros. Nuestro pensamiento es poderoso, ya que condiciona nuestra serenidad y todos los demás estados emocionales. Fabricamos una realidad, la interpretamos según nuestros miedos, experiencias e inseguridades.

Tenemos un tráfico de miles de pensamientos al día. Muchísimos de ellos son advertencias de peligros o incomodidades, anticipación de lo catastrófico, inseguridades, culpa... No todos nuestros pensamientos son verdades, ni los que nos hacen sentir bien, como fantasear con lo que haríamos si nos tocara la lotería, ni los que nos hacen sufrir, como pensar en lo peor de una situación.

Los pensamientos irrumpen en nuestra mente cuando a ellos les apetece. Ya ves, la mente es caprichosa, también tú estás en tu derecho de atenderlos o desatenderlos cuando te plazca.

Es tremendamente liberador y sanador saber que no tienes que creerte todo lo que pasa por tu mente. Ni siquiera estás obligado a razonarlo, juzgarlo u ocuparte de ello. Hay muchísimos pensamientos que puedes, sencillamente, dejar estar.

TOMA CONCIENCIA DE CÓMO TE HABLAS

El pensamiento es el cimiento de emociones como la confianza y la seguridad. También de funciones cognitivas como la atención y la concentración. Cuidar tu estilo cognitivo es importante. En gran medida, eres lo que piensas, te comportas según piensas y sientes como piensas.

Tú no eliges todo lo que pasa por tu mente, pero sí a qué pensamientos prestas atención.

Lo que sí eliges es el autohabla, la manera en que día a día diriges tu conducta. Lo que te dices que vas a hacer, lo que anticipas. Hablarte de forma positiva te dará confianza y mejorará tu estado de ánimo. El cerebro es el responsable de llevar el ritmo de todo lo que haces y decides cuando actúas. Tus acciones suceden cuando la mente lo ordena.

Observa cómo sueles hablarte, qué mensajes te das. ¿Te animan, suman? ¿O, por el contrario, restan? ¿Te infravaloras o te vas diciendo que sí serás capaz? Una persona no puede actuar con valentía y seguridad si su mente le manda mensajes continuos sobre su incapacidad y anticipando el fracaso.

Por ahora te invito solo a tomar conciencia de cómo te hablas. Y a que, cuando te pilles dándote mensajes que no suman, te digas que igual no son verdades, sino la manifestación de tus miedos o de tu excesiva precaución.

¿PENSANDO EN LO QUE NO QUIERES QUE OCURRA?

¿Qué haces todo el día pensando en lo que no quieres que ocurra? Trata de focalizar la atención en lo que quieres que pase, en lo que depende de ti. No te vuelvas loco anticipando miedos y situaciones catastróficas que puede que nunca ocurran.

La próxima vez que tengas un reto por delante, una situación en la que te gustaría estar relajado o un miedo al que tengas que enfrentarte, deja sencillamente de pensar en lo que puede salir mal, toma conciencia de qué deseas que ocurra y verbalízalo. Nada más. Repite este ejercicio hasta que se automatice.

Para facilitarte la tarea, puedes empezar por poner lo que deseas pensar por escrito. Ante una situación, describe la historia que te gustaría vivir, pero siempre en términos de lo que hay que hacer y no de aquello que puede fallar. El cerebro obedece mejor cuando le damos órdenes claras y sencillas que cuando le damos frases con dobles negaciones o contradictorias.

PALABRAS QUE RECONFORTAN

La manera cómo nos hablamos afecta a nuestras emociones. Las palabras y las expresiones calmadas, amables y respetuosas sientan bien a nuestra mente y a nuestras emociones. Solo el hecho de pronunciarlas nos cambia el ánimo.

A mí palabras como paz, serenidad, calma, meditar, despacio, equilibrio, me reconfortan.

¿Cuáles te reconfortan a ti?

HÁBLATE CON RESPETO Y AMOR

Cuando se trata de animar a otros lo solemos hacer genial, porque tratamos de alentar, hacer sentir bien a las personas a las que respetamos y queremos, y de potenciar su seguridad y su autoestima. Y así tiene que ser, porque de esta manera generamos un estado emocional sereno en el que la persona se ve capaz de afrontar de nuevo sus retos.

Ahora bien, «Consejos vendo que para mí no tengo», como dice el refrán. Cuando tratas de animarte a ti mismo ante un fallo, te conviertes en una persona dura, carente de empatía e inflexible. No te gusta cometer errores y te reprochas con dureza haberte equivocado. Erróneamente, sacas conclusiones de tus errores que te juzgan como persona: impaciente, impulsiva, perezosa, vaga, inútil, torpe, dependiente, ridícula.

Estas son las lindezas que te dices cada vez que cometes un error o te sientes débil. Por supuesto, cuando te hablas así te sientes fatal, triste y ansioso, y eso afecta a tu autoestima. Así las cosas, ¿quién desea volver a intentarlo si cabe la posibilidad de que vuelvas a fallar y te sientas igual de miserable? Nadie. De modo que lo que sueles hacer es tirar la toalla. Total, para qué, si no eres capaz de cumplir lo pactado.

El consejo aquí es muy sencillo: por favor, háblate como lo harías a cualquier persona a la que admiras, amas y respetas. El mismo discurso que dirigirías a otra persona, dirígetelo ahora a ti. Así de fácil.

QUITA VALOR A LO QUE PIENSAS Y A LO QUE SIENTES

Tus emociones son tus amigas, poténcialas cuando sumen y ponlas en su lugar si te hacen sentir mal.

El cerebro detecta como una amenaza, por ejemplo, acudir a una entrevista de trabajo, participar en una competición, ligar con la persona que te atrae..., y tú, a partir de esta interpretación, desarrollas una respuesta de ansiedad. La diferencia está en que hoy en día, esa respuesta de miedo, estrés y ansiedad ha dejado de ser adaptativa. Ante una entrevista, una competición o una persona que te atrae no necesitas salir corriendo, huir o atacar. Así que la solución no consiste en no tener ansiedad, sino en dejar de contemplar el mundo como una amenaza.

Empieza a escribir valoraciones razonables de lo que te puede ocurrir. «Voy preparado a la entrevista, los nervios son normales. Estoy bien, dispuesto a transmitir mi experiencia y trataré de aprender de la entrevista».

Tu cerebro no te cuestiona, no te dice: «Anda, pillín, que te estás diciendo que no puedes pero yo sé que sí puedes». No, si tú te dices a ti mismo que no eres capaz, el cerebro obedecerá tus órdenes y dejará de intentar algo, de buscar soluciones o de esforzarse, simplemente porque le has dicho que no eres capaz.

Nuestro cerebro tiene la misión de ponernos a salvo y protegernos. Así que ante cualquier señal que interpreta como que estás en situación de peligro o que te estás enfrentando a un reto imposible, lo destierra. Pónselo fácil. Verbaliza lo que deseas conseguir, en lugar de lo que te gustaría que no pasara.

CÓMO EL *PRIMING* PUEDE AYUDARTE A TENER MÁS SERENIDAD

El primado o *priming* es un efecto relacionado con la memoria implícita, por el cual la exposición a determinados estímulos influye en la respuesta que se da a estímulos presentados con posterioridad.

Por esa razón elegir tu vocabulario es clave, pues influye en tu manera de sentir y actuar. Si quieres sentirte poderoso, empieza por buscar en el diccionario de la RAE palabras que te inciten a sentirte como deseas. «Capaz», «posible», «fuerte», «vamos, «bravo», «orgullo», son palabras que nos ayudan a sentir lo que significan. Por el contrario, palabras como «complicado», «difícil», «dudoso», «miedo», nos conducen a estados emocionales coherentes con esas palabras.

Tú puedes elegir cómo te hablas. Tómate todas las mañanas unos minutos para elegir una palabra que necesites sentir a lo largo del día. «Calma», «serenidad», «*flow*», «fuerza», «con todo», «vamos»…, y repítela hasta la saciedad. Hasta que quede grabada en tu memoria de corto plazo.

Da igual que no te la creas. Tampoco te creíste la primera vez que alguien te etiquetó de forma negativa y a base de repetirlo terminaste pensado que quizá eras así.

PRUEBA A REDUCIR EL USO
DE ESTAS PALABAS

Utilizamos una serie de palabras por vicio, como relleno, a modo de muletillas: «prisa», «rápido», «corriendo», «enseguida»… ¿Se te ocurren otras?, ¿cuáles? Y el cerebro termina respondiendo al valor de estas palabras.

Cuando te repites a diario palabras y frases como «prisa» o «rápido», «Me tomo un café rápido y ahora te vuelvo a llamar», por ejemplo, tu cerebro entiende «rápido», «urgencia», «peligro», y activa la respuesta de alarma, de manera que esta palabra que tú la utilizas casi siempre como hábito, para la mente es una amenaza.

Prueba a verbalizar la misma frase sin la palabra «rápido»: «Me tomo un café y ahora te vuelvo a llamar». De este modo eliminas la alarma que le llega a tu mente sobre una posible urgencia y con ello disminuyes también tu sistema de activación y la respuesta de ansiedad.

TU CEREBRO FUNCIONA COMO UN GPS

La pregunta es sencilla, cuando programas el GPS del coche para que te lleve a una dirección que desconoces, ¿qué información introduces en el navegador? ¿Pones la calle concreta y el número al que te diriges, o le indicas varias opciones de direcciones a las que no deberías ir?

Tanto con la primera opción, introducir la dirección correcta, como con la segunda, en la que descartas las alternativas que te conducen a un lugar equivocado, buscas llegar al sitio deseado: la primera es fácil y eficaz, y la segunda solo te complica la vida.

Esta metáfora del GPS también la puedes aplicar a tu forma de procesar la información, a los pensamientos que eliges para alcanzar tus metas, a cómo interpretas lo que ocurre a tu alrededor, que condiciona tus emociones y tus actuaciones.

Tu cerebro es un GPS y el que lo programa eres tú. Si le das la dirección equivocada, si centras la atención en los fallos, en lo que no tienes que hacer, aumentas las probabilidades de fallar, de desconcertarte, y obtienes información contradictoria, en lugar de darte instrucciones sencillas, claras, positivas y útiles.

OCÚPATE DE LO ÚTIL

La respuesta de ansiedad se desencadena cuando percibimos una amenaza, ya sea real o imaginada. Querer ocuparnos de las «amenazas» que no podemos controlar es una fuente de insatisfacción y ansiedad. Las frases que empiezan por «Y si...» nos llevan a anticipar lo peor, sucumbir a nuestros miedos y hablarnos de forma negativa.

La mayoría de tus preocupaciones no dependen de que tú encuentres las soluciones, sino del paso del tiempo, del factor «buena o mala suerte», de un tratamiento médico, del destino, de terceras personas, de la vida..., pero no de ti. Así que darles vueltas, rumiarlas, anticiparte, no tiene premio. Lo único que te produce es ansiedad.

Una regla básica para controlar la ansiedad es ocuparte de las cosas que dependen de ti y despreocuparte de lo que tú no controlas.

¿Que cómo se hace? Hazte la siguiente pregunta cada vez que una preocupación ronde tu cabeza: «Esto que ahora me está preocupando tanto, ¿puedo solucionarlo yo?». Si la respuesta es no, deja estar esa idea, esa emoción, obsérvala sin intervenir sobre ella. Sin hablar, ni razonar, ni juzgarla.

NO ANTICIPES ACONTECIMIENTOS CATASTRÓFICOS

No adelantes acontecimientos. Las personas con miedo anticipan un mundo catastrófico en torno a sus miedos. Para ellas, siempre puede ocurrir lo temido y con la máxima intensidad: si temen una enfermedad no piensan en un resfriado, sino en un cáncer o una esclerosis. Estos pensamientos son los que desencadenan la respuesta de terror y ansiedad, y estas personas lo pasan fatal pensando en el peor de los desenlaces, que, por cierto, no suelen ocurrir casi nunca.

Se trata solo de profecías, adivinación del porvenir, especulaciones, cálculo subjetivo de probabilidades. Si te ocurre eso, en lugar de permitir que tu mente fantasee con lo peor, puedes tratar de agradecerle su capacidad creativa destructiva y, simplemente, pasar de tu miedo: «Gracias, mente, sí, igual me despiden…, o no, o sí, o igual, ¡oh la la!». Vacila a tu mente, utiliza tu creatividad para reírte de la situación. De todas formas, no vas a prevenir nada de aquello que no depende de ti.

De-fusionar vendría a ser lo contrario de fusionarse, es decir, mezclarse. Es una propuesta del médico Russ Harris, que tan bien la explica en su libro *La trampa de la felicidad*, basada en la terapia de aceptación y compromiso. De-fusionar significa tomar distancia de aquellos pensamientos que nos distraen, que suelen ser, además, los que más sufrimiento nos generan. Entran en nuestra mente, se acoplan en ella, y tendemos a rumiarlos como si no hubiera un mañana. La mayoría de las veces no podemos solucionar lo que nos preocupa, ya que, de hecho, la resolución del noventa por ciento de esas preocupaciones no depende de nosotros. Solo nos distraen muchísimo y nos impiden que nos concentremos.

En lugar de ser el protagonista de tus pensamientos, mantente al margen de ellos, como si solo los observaras. No tienes que hablar con ellos, no tienes que darles una solución, solo observar.

La receta para de-fusionar consiste en:

- Aceptar tus pensamientos, pero no el contenido, no lo que dicen; acepta solo que tienes pensamientos incómodos.
- Dar las gracias a tu mente por recordarte el peligro. «Gracias, mente, otro día hablamos».
- Volver a enfocarte en el presente.

Tu mente confía en ti. Tu mente no duda de ti, te cree, te obedece, toma como guía aquello que tú piensas o verbalizas. Así que cuando hablas mal de los demás y de ti, se toma esas reflexiones o comentarios como verdades.

Tu autoestima, el respeto hacia ti mismo, estados emocionales como la confianza o la seguridad, dependen de cómo te hablas a ti mismo. Así que ten esta máxima en tu casa, para ti y para toda la familia: «En esta casa no se habla mal de nadie, ni siquiera de uno mismo».

AUTOAFIRMACIONES POSITIVAS

Frases como «Todas las ideas pueden sumar», «Deja de juzgarte», «Escucha, empatiza, disfruta, participa», «Eres creativo, igual nadie ha caído en esta idea, por sencilla que parezca», incrementarán tu serenidad y tu seguridad.

A partir de ahora presta un poco de atención a los comentarios y críticas que te haces, o en cómo sueles anticipar el fracaso, el peligro o los problemas. Verás que te das muchos mensajes cargados de negatividad y toxicidad que interfieren directamente en cómo te sientes y actúas.

Proponte anotar cada día autoafirmaciones optimistas, serenas, alegres, constructivas, motivadoras. Y trata de repetir una de ellas a lo largo del día. Permite que esa palabra tome presencia y protagonismo, que pase a formar parte de tu manera cotidiana de hablar.

HASTA TUS CREENCIAS
SON PERCEPCIONES

Tus creencias son percepciones, no son verdades.

Ya sabes que en esta vida casi todo es relativo, incluso tus creencias. Creencias sobre tu forma de ser, sobre cómo eres, sobre cómo te infravaloras. ¿Has dedicado tiempo alguna vez a cuestionarlas? Puedes empezar por ser sincero contigo mismo y anotar detrás de cada una un valor numérico relacionado con la certeza que le das. Escribirás que algunas tienen un valor de 10 y que son completamente ciertas, pero estoy segura de que a otras les darás un valor menor, como que no terminas de creértelas del todo.

Haz de abogado del diablo. Elige una creencia y juega a defenderte. Preséntale al juez datos reales de que esa creencia no es tan cierta. Si analizas tu vida te darás cuenta de que tienes muchas pruebas a favor y en contra de esas creencias, múltiples ejemplos, experiencias de éxitos, momentos en los que no fuiste así. Después de este juicio, ¿siguen teniendo tus creencias el mismo valor numérico? Quizá ahora alguna de ellas ha perdido valor.

DEJA DE RUMIAR

Tenemos la habilidad mental de darle vueltas a lo que nos preocupa porque nos permite buscar soluciones, siempre y cuando la solución dependa de nosotros, ¿verdad?

Pero a las preocupaciones que rondan nuestra cabeza no siempre podemos darles solución. A menudo dependen de la suerte, del tiempo, de la intervención de terceros, porque no todo está bajo nuestro control. ¡Ya quisiéramos!

Dale un descanso a tu mente, permítele que no tenga que ocuparse de lo que no se puede ocupar. La psicología propone varios ejercicios para ayudarnos a tomar distancia de los pensamientos intrusos a los que no podemos dar solución. La base de esta actividad consiste en aceptar lo que entra en nuestra mente, pero sin enredarnos en hablar, razonar o juzgar. Solo dejándolo estar, sin intervenir. Observemos nuestros pensamientos pero no los convirtamos en protagonistas. Dejemos de librar esa batalla, pues no la vamos a ganar. Porque esta batalla no se gana, solo se abandona.

¿Cómo? Trata de no hablar con esas ideas. Cuando invadan tu mente imagina que tienes un mando a distancia y cambia de canal. O visualiza cómo tu idea está escrita en un globo que se pierde en el infinito. Observa cómo el globo se aleja. Así aceptarás esa idea, preocupación o miedo en tu vida, pero no te enredarás con ello. En mi libro *Cuenta contigo* hay un capítulo en el que desarrollo esta idea.

TRADUCTOR SIMULTÁNEO PARA SER MÁS OPTIMISTAS

Martin Seligman, padre de la psicología positiva, define el optimismo como «la predisposición a entender y a analizar la realidad desde su aspecto más positivo». Ser optimista te ayuda a avanzar y a no quedarte estancado ante las dificultades, inseguridades o miedos, a salir de tu zona de confort, a ser valiente y decidido. Te propongo un ejercicio para trabajar tu optimismo:

Cada vez que te encuentres verbalizando expresiones del tipo «Esto no va a funcionar», «A mí siempre me sale todo mal», «Total, para qué me voy a esforzar, si luego tengo mala suerte», trata de no negarlas, pero sí de darle una oportunidad al cerebro para que cree una alternativa favorable.

Escribe otras alternativas positivas. Se trata de que el cerebro salga de su zona confortable y aprenda a tener otro enfoque. Da a estas nuevas alternativas la oportunidad de que se materialicen.

Como si tu cerebro tuviera un traductor simultáneo, imagina que a partir de ahora no entiende las expresiones que te limitan y las traduce automáticamente por expresiones que suman. Cada vez que te hables en negativo, traduce simultáneamente al idioma positivo la frase, al igual que un traductor simultáneo lo haría de un idioma a otro.

Tus propuestas negativas no son erróneas, pero no son las únicas. Si solo nos centramos en ellas, serán las que nos encontraremos.

AUTODIÁLOGO VERSUS AUTOENGAÑO

Para que tu pensamiento, tu autodiálogo sume, necesitas seguir las directrices que te propongo.

No se trata de que te engañes con los mensajes que te das ni de que te autoconvenzas de que eres el mejor, sino de que dirijas tu mente positivamente.

- Céntrate en lo que depende de ti, por ejemplo, «Voy a preparar el examen a conciencia, solo tengo que organizarme».
- Formula tu pensamiento en términos de lo que deseas conseguir, no de lo que deseas evitar. Por ejemplo: «Mantén los ojos cerrados», en lugar de «No se te ocurra abrir los ojos durante la resonancia, que te vas a agobiar».
- Dirige tu pensamiento hacia el rendimiento, no hacia el logro, es decir, habla contigo de lo que tienes que hacer, de cómo tienes que intervenir tú para conseguir lo que deseas, no del premio ni de la meta. «Hablaré de mis emociones y de cómo me siento para empatizar con mi pareja», en lugar de «Seguro que entenderá cómo me siento».
- Háblate con dulzura, respeto y amabilidad, como harías con alguien a quien respetas, admiras o amas. Las palabras que utilizas pueden dejar cicatrices.
- No utilices un vocabulario exigente, agresivo, que te invalide: «Es que eres tonta, de verdad», «Jolines, qué complicado es siempre todo».
- Te ayudará sustituir palabras que indican estados de ánimo incómodos por palabras que alientan. Trata de reducir el uso innecesario de palabras como «prisa», «venga», «corre», «no puedo», «no soy capaz», por un vocabulario que se oriente a otras emociones.

¿Y SI TODO FUERA MEJOR DE LO QUE SIEMPRE PIENSO?

Los «Y si...» solemos utilizarlos para anticipar todo lo que puede salir mal. No solemos decir: «Y si todo sale genial», «Y si encuentro las soluciones que necesito». Al contrario, nos enfocamos en: «Y si no salgo de esta», «Y si la enfermedad empeora», «Y si mi hijo se distrae con este problema y no se centra».

Los «Y si...», además de pertenecer a ese mundo poco útil que no es controlable, también condicionan nuestro foco de atención.

Nuestra atención es limitada, no permite enfocarnos en muchas cosas a la vez. Si le das unas directrices a tu atención para que esté pendiente de lo que puede fallar, eso es lo que hará. Buscará en el entorno las piezas claves para que encajen en tus miedos. La mente encuentra lo que anda buscando.

No quieras ver un futuro superpositivo, pero tampoco te pintes el peor de los escenarios, porque hacer esto último no solo nos orienta hacia él, sino que disminuye nuestra capacidad de reacción y nuestra seguridad. Al pensar que puede pasar lo peor, perdemos la esperanza, y sin esperanza dejamos de esforzarnos, de buscar soluciones, y perdemos la ilusión y la motivación.

PERMITE QUE TUS PENSAMIENTOS SE DESVANEZCAN

Imagina la mente repleta de pensamientos que te desconcentran y, sobre todo, te quitan la paz. Hagamos un ejercicio muy simple, relacionado con la de-fusión.

- Siéntate cómodamente.

- Observa en qué estás pensando, por ejemplo: «Mañana no puedo olvidarme de llamar al pediatra», «Tengo que acordarme de la vacuna del perro», «Qué raro que mi madre no me haya llamado todavía», «Qué pereza me da hacer la cena». Están todos ahí, dentro de tu cabeza. Tú intentas leer, ducharte, meditar o ver una serie, y ellos no paran de parlotear.

- Empieza por observar dónde están, localízalos en tu cabeza. ¿Están en la frente, en la parte trasera, en un lateral? Fíjate en ellos, ¿están escritos a máquina o a mano? ¿Con una letra legible?

- Acéptalos. No luches contra ellos, no te enfades porque te distraen. Estos pensamientos forman parte de ti, pero no tienes por qué identificarte con ellos. Tampoco tienes por qué atenderlos.

- Ahora realicemos el sencillo ejercicio de dejar que se desvanezcan, dejar que se caigan. Sin juzgarlos. Puedes imaginar que las páginas que contienen esos pensamientos caen al suelo, o que les pones un filtro que los vuelve borrosos, o que se van alejando poco a poco de tu mente hasta que desaparecen en el universo...

- Es como si tuvieras un videojuego mental que quita valor a esos pensamientos dándoles otra forma y alejándolos emocionalmente de ti.

ENFÓCATE EN LO QUE SUMA

Si prestáramos atención a todos los estímulos que nos llegan a diario, nos volveríamos locos. Estamos rodeados por una bomba informativa que no somos capaces de atender y seleccionamos según nuestros valores, lo que para nosotros es importante en un determinado momento, lo que nos da miedo, nos ilusiona… Así limitamos mucho la información que filtramos.

La negatividad o la ansiedad impiden que apreciemos los regalos que la vida nos hace a diario, y la mente no siempre está entrenada para apreciar todo lo que ocurre a su alrededor.

Para entrenarla tenemos que poner el foco en la belleza de los detalles.

- ¿Te animas a llevar un diario de esos pequeños regalos que te hace la vida?
- ¿Qué podrías escribir de hoy o de ayer?

- Busca un lugar tranquilo en el que nadie ni nada te moleste. Dedica entre cinco y diez minutos a esta práctica.
- Trabaja primero la respiración, inhala y exhala a tu ritmo, sin querer modificarla. Concéntrate solo en cómo entra y sale el aire de tu cuerpo.
- Sitúate mentalmente en el lugar. Piensa en el día que hace, ¿hace sol, está nublado, chispea?, ¿es una oficina, un lugar público?, ¿estás solo o acompañado?
- Imagina ahora lo que deseas vivir y cómo deseas vivirlo, sentirlo.
- Cuando consigas visualizarlo bien, añade emociones. ¿Cómo te hace sentir?: fuerte, capaz, habilidoso, exitoso. Trata de sentirte orgulloso de lo que has visualizado.
- Y, si quieres, para finalizar el ejercicio, añade una expresión, una frase, un anclaje que, cuando te lo repitas en el ejercicio real, te evoque lo visualizado. Algunas palabras pueden ser «capaz», «fluye».

La primera experiencia tal vez no tenga la calidad y nitidez de una película en HD, pero con la práctica irás visualizando y viéndote cada vez mejor.

Si la suerte no está en los rituales o en las supersticiones..., ¿dónde está?

- **Creer en la buena suerte es crear oportunidades.** En gran parte, no en toda, la suerte tiene que ver con aquello en lo que te enfocas en la vida, con aquello de lo que estás pendiente, lo que buscas y aprovechas.

- **La suerte también depende de tu autoestima.** Cuanto más conozcas tus talentos y competencias, más sencillo será mostrarlos y aumentar las probabilidades de tener suerte.

- **Suerte y preparación van de la mano.** Necesitas organización, planificación, formación y conocimiento.

- **La suerte requiere de una correcta gestión del fracaso.** A muchas de las personas a las que crees que siempre les ha acompañado la suerte lo que de verdad les ha acompañado es la perseverancia.

- **Ser protagonista de tus éxitos.** Tienes que conocer en qué medida eres responsable de tus éxitos.

TU MOMENTO ACTUAL

Durante unos minutos permite que tu momento actual sea como es, sin desear que sea de otra manera.

Fantasear con lo que deseamos tener, hacer o sentir está bien…, pero solo muy de vez en cuando, ya que nos suele generar frustración vivir en el futuro en lugar de hacerlo en el ahora.

Trata de realizar esta sencilla práctica:

- Para, detente, estés haciendo lo que estés haciendo (si vas conduciendo, no).

- Observa… tu ordenador, tu libro, tu cocina, tu cuarto de baño, la calle… Observa el lugar donde estés.

- Siente. ¿Qué te inspira? ¿Que miras sin juzgar, como si lo vieras por primera vez?

- Deja estar tu mente sin perderte en frases como: «¿Qué hago aquí observando, perdiendo el tiempo?».

- Date permiso para conectar con el momento durante unos minutos. Puedes verbalizar algo así como: «Esto está bien, estoy bien».

No trates de buscar placer ni malestar para cambiarlo. Se trata solo de estar. Puedes estar sin cambiar el entorno, sin juzgar lo que está pasando, sin forzar nada, sin evitar nada. Solo estar.

Esta práctica nos ayuda aceptar, a tener más serenidad. No tiene nada que ver con resignarnos ante lo que no queremos ni con evitar seguir trabajando en nuestros propósitos. Solo trata de que, mientras seguimos avanzando, aprendamos a estar bien con lo que es ahora nuestro momento.

CULTIVA LA ESPERANZA

Tener esperanza no es de ilusos, se trata de no cerrar la puerta mientras sigues trabajando en tu camino.

La idea de que algo bueno va a llegar, algo en lo que tú te puedes involucrar, promueve un estado saludable al fortalecer nuestro sistema inmune, evitar la respuesta de ansiedad que se genera cuando nos sentimos indefensos ante las amenazas y mejorar nuestro estado anímico.

Tener esperanza puede ser un hecho activo o pasivo. Puedes confiar y esperar que todo cambie o puedes intervenir y protagonizar el cambio. Ambas influyen de forma positiva, pero el control y la seguridad son mayores cuando participas en la construcción de tu destino. Una persona con esperanza activa:

- Espera cosas buenas del futuro, con lo que la atención se pone en ver oportunidades.
- Aprovecha las circunstancias e interviene en las ocasiones que le brinda su entorno.
- Busca en qué medida lo que le ocurre depende de ella, es decir, tiene un *locus* de control interno. Su éxito y su fracaso dependen de ella.
- Confía en su capacidad, sus recursos y su talento.
- Tiene un estilo resolutivo para afrontar los problemas. Hay personas que esperan que las cosas ocurran y otras que intervienen para que sucedan.

Tener esperanza es una fortaleza emocional que también se puede entrenar.

2. Aprende a relativizar

¿**C**uántas veces perdemos el sueño por asuntos que nos parecen importantísimos, que no podemos sacárnoslos de la cabeza y a toro pasado nos parecen asuntos de una importancia menor? Nos ocurre muchas veces.

Sentimos dolor y nos preocupamos porque esta emoción nos ayuda a resolver lo que nos pone en peligro o lo que supone algún tipo de amenaza para nuestra economía, bienestar, seguridad, familia. Pero, como todo en esta vida, los problemas, las amenazas y las preocupaciones son relativos. De hecho, en el momento en el que comparas una preocupación de alguien que vive en el primer mundo con la de cualquier persona del tercer mundo, pierde valor. Lo mismo cuando tienes un problema con un compañero de trabajo y te dan una mala noticia sobre la salud de un familiar.

Aprender a relativizar puede llevarte a vivir cualquier situación desde un estado emocional más sereno y pleno.

¿SEGUIRÁ SIENDO MAÑANA IGUAL DE IMPORTANTE PARA MÍ?

Esta pregunta ayuda a relativizar porque permite conocer el valor de lo que nos preocupa. La experiencia nos dice que, pasado un tiempo, aquello que nos preocupaba no suele ser algo tan importante como nos parecía. Tomar conciencia de que mañana, la semana que viene o dentro de tres meses dejará de ser algo vital que nos quita el sueño también reduce su impacto emocional en el presente. Por el contrario, algo muy importante y dramático lo continuará siendo dentro de un tiempo.

Un ejemplo muy claro suelen ser los fracasos o los errores. Cometer un error en el trabajo nos hace sentir inseguros, humillados, en peligro porque podemos perder el puesto. Pero cuando miramos atrás y recordamos otros errores, nos damos cuenta de que los hemos superado y que no ha pasado nada importante en nuestra vida por haberlos cometido. Incluso cuando nos han costado el puesto de trabajo.

PRUEBA A DISOCIARTE

Se trata solo de observar lo que ocurre como si no fuera contigo, como si tú no tuvieras nada que ver con ello.

Este ejercicio de mirar desde fuera lo que nos ocurre, como si estuviéramos viendo una película, nos permite tomar perspectiva respecto de todo aquello que nos tomamos de forma personal, y así conseguimos relativizar.

Observa como si fuera una película, pero no la tuya. Deja de ser protagonista de eso que te preocupa y pasa al plano del espectador. En esta película no hay dos actores, solo hay uno. Es tu *show*, y es gratis, ni siquiera tienes que pagar por este momento de entretenimiento.

Observa a la persona que está preocupada. ¿Cómo piensa, qué expresión emocional tiene, se habla mal a sí misma, cómo actúa? No la juzgues, no te juzgues a ti tampoco, no le busques una explicación. Solo observa como si no fuera contigo, verás como deja de ser tan doloroso. Puede que incluso te parezca gracioso. Porque cuando las personas pierden los papeles, por exceso de humor o de agresividad, es como si todo se distorsionara. Las exageraciones pueden ser muy graciosas.

NO ENTRES AL TRAPO

Hay provocaciones verbales o en las redes sociales tan absurdas y carentes de sentido que lo más sabio es ignorarlas y no defenderse.

Algunas de las críticas que recibes, vengan por la vía que vengan, tienen ánimo de ayudarte, pero otras muchas son el resultado de estados emocionales de personas irascibles, estresadas, avinagradas…, cuyo modo de manifestarse es atacar.

No entres al trapo, es lo más sabio. Porque, a pesar de que tú te sientas el cubo de la basura donde arrojan su odio, su crítica no es algo que va contra ti, sino contra ellas, que no saben resolver de forma eficaz su malestar.

CÓMO SER MÁS FLEXIBLE MENTALMENTE

Lidiar con personas que siempre quieren llevar razón, que no dan su brazo a torcer o que cuando hay un cambio de planes parece que se les cae el mundo encima, es complicado.

Si eres una de esas personas «catalogadas» como cuadriculadas, a las que un cambio de planes les genera ansiedad o no eres capaz de entender otros puntos de vista, presta atención a estos cinco consejitos:

- Pregúntate: Este cambio de planes, que hoy te parece tan tremendo, ¿seguirá siendo mañana tan horrible?, ¿tendrá dentro de unos días taaanta importancia como la que le estás dando ahora?
- Escucha con interés, atención y curiosidad. El hecho de escuchar y empatizar no te obliga a cambiar de opinión. No tienes por qué defenderte, no se trata de un ataque.
- Si en algún momento alguna opinión o propuesta te parece más interesante que la tuya y decides cambiar, no te sientas mal. Cambiar no es perder, es evolucionar. No estás traicionando tus ideas, las ideas están vivas.
- De vez en cuando, o con frecuencia, sé generoso y cede. Hay muchos temas que no son importantes para ti y sí para otros. Ceder en esos, es un acto de generosidad.
- Aunque no compartas lo que piensen otros, escúchalos. Se trata de aprender unos de otros.

UN DÍA SIN QUEJAS

Un día sin quejas puede prepararte para vivir un día más sereno y optimista. Declara un día de la semana como «el día sin quejas».

Se trata de adquirir un compromiso contigo, de cambiar el discurso negativo, centrado en problemas y todo aquello que va mal, y buscar otro foco de atención. Si lo puedes hacer extensible a los demás miembros de la familia, mejor que mejor, así estarás educando en hábitos positivos.

ENFOCA Y DESENFOCA

Decía Yoda: «Tu enfoque determina tu realidad». Si eso es así, ¿qué te parecería cambiar tu enfoque?

Imagina que a partir de ahora tu mente es una cámara de fotos. Donde pones el ojo pones la viveza, mientras que aquello que queda en segundo plano se desdibuja y se ve borroso.

Empecemos por estas dos reflexiones:

- **¿Qué deseas empezar a ver borroso?** Ver borroso no significa que eso deje de existir, o que niegues su evidencia. Significa que tú decides que no tome el protagonismo de tu realidad, sino ponerlo en un segundo plano. Los motivos para desdibujar ese aspecto de tu vida pueden ser: que estés cansado del monotema, que no lo puedas cambiar, que te desgasta, te da pena, te estresa. Empieza por hacer una lista de situaciones, personas, actividades que ahora orbitan a tu alrededor y a las que te gustaría prestarles menos atención.

- **¿Qué deseas enfocar y poner en el primer plano de tu vida?** No podemos elegir muchas de las circunstancias que vivimos, pero sí la manera de reaccionar ante ellas. Tampoco podemos eliminar de nuestra vida todo lo que nos incomoda, pero sí centrarnos en lo que suma. Repite por favor el ejercicio de la lista, pero esta vez pensando en qué te hace sentir bien, qué te gustaría tener más presente, a qué te gustaría dedicarle más tiempo, qué personas son vitamina en tu vida, con qué ríes, con qué te relajas.

TEN LA SENSIBILIDAD A TU FAVOR

La sensibilidad tiene ventajas increíbles: nos permite vivir la vida a otro nivel porque ayuda a profundizar, a conocer, a vivir con más intensidad, a impregnarnos, a exprimir momentos que para otras personas pasan inadvertidos, pero también implica sufrir con la misma intensidad con que disfrutamos.

Aprendamos entonces a tener la sensibilidad a nuestro favor, a disfrutar de su parte positiva y a distanciarnos más de lo que nos duele.

- Empieza a valorar, en lugar de criticar, lo sensible que eres. A pesar de que a ratos te haga sufrir, tu sensibilidad es un tesoro. Te permite vivir de verdad.

- Identifica qué personas, qué situaciones, qué detalles o qué momentos disparan la parte negativa de tu sensibilidad, entendiendo por la parte negativa la que te genera sufrimiento. Tomar conciencia nos ayuda a saber de qué tenemos que distanciarnos. No para razonar con ello, sino para anticiparnos, de manera que, cuando una situación sea previsible, nos pille más fuertes.

3. Actitud

«**A**ctitud» es un sinónimo de «pon de tu parte», y este es un terreno muy peligroso, porque hay personas a las que, por distintas circunstancias, poner de su parte les supone una lucha diaria, un sufrimiento altísimo y, sobre todo, les genera mucha culpa y frustración. Se sienten señaladas con el dedo por una sociedad cuyas reglas proclaman que todo es actitud y nosotros somos responsables de todo lo que hacemos y lo que dejamos de hacer. Estas personas a las que «les falta actitud» quieren pero no pueden. Ya les gustaría, pero no saben cómo.

Sin duda la actitud es una parte fundamental de nuestra vida. Nos ayuda a dar un paso al frente, a vencer la pereza, a mirar la vida con más optimismo, a dejar el victimismo de lado y centrarnos en nuestras responsabilidades. Pero hay que ser muy condescendientes con este tema. No todos partimos del mismo entorno sociocultural o socioeconómico, de la misma educación y genética, ni hemos tenido la misma buena o mala suerte. No todos tenemos unos neurotransmisores bien regulados que nos ayuden a mantener nuestro ánimo en perfecto estado.

En este capítulo te facilito actividades que te pueden ayudar a entrenar la actitud.

HAZLO YA Y HAZLO BIEN

Esta frase del entrenador de baloncesto John Wooden me parece una máxima de la gestión del tiempo y de la eficacia: «Si no tienes tiempo para hacerlo bien, ¿cuándo tendrás tiempo para hacerlo de nuevo?». Y yo añadiría: «Si lo postergas, ¿cuándo tendrás tiempo para esto?».

Hacerlo ahora y hacerlo bien nos puede llevar a ahorrar muchísimo tiempo, además del bienestar, satisfacción, orgullo y sentimiento de responsabilidad que ganamos cada una de las veces que no procrastinamos.

¿No te ha pasado alguna vez que te pruebas varios conjuntos por la mañana, vas corriendo, lo dejas todo tirado en la cama pensando «luego lo recojo», te maquillas y dejas los pinceles fuera del neceser, «luego lo recojo», vuelves a pensar, y cuando llega el «luego» te da pereza? Dejas la ropa encima de la silla, los pinceles fuera, el dormitorio y el cuarto de baño cada vez están más desordenados y cuando llega el fin de semana tu casa ya es una leonera.

Vamos dejando las cosas para luego o las hacemos a medias. Y este es el inicio del desorden, de la dejadez, pero también de emociones como la ansiedad y la culpa. Hacer las cosas como y cuando hay que hacerlas nos ayuda a vivir con serenidad. Cada cual puede entender a su modo qué es lo correcto, siempre y cuando haya un criterio.

PLANIFICAR TE DA SEGURIDAD

¿Y si planificar lo que deseas vivir te permitiera hacerlo mejor? Poniendo por escrito los objetivos y los planes se acrecienta el compromiso que el cerebro mantiene con ellos. Eso no te asegura el éxito, pero aumentan las probabilidades de que se materialicen.

Necesitas planificar con sentido común −si hiciera falta, orientado por algún profesional− tus metas y tus deseos, tomar decisiones, prever con qué dificultades te encontrarás y qué soluciones pondrás, elegir lo que quieres sentir y de qué quieres disfrutar. Se trata de visualizar y poner por escrito tu propósito y tener todo lo controlable bajo control.

Anticiparte y planificar te da seguridad, y permite que tu atención consciente se centre en el cambio. Para que tus objetivos tengan sentido y puedan ayudarte de verdad, redáctalos teniendo presente lo que tú tienes que hacer, no el resultado que quieres alcanzar. El resultado no depende solo de ti, sino de muchas variables que a veces no puedes controlar, como que haga mal tiempo si has decidido empezar a correr.

ESCRIBIR LA HISTORIA A TU MANERA

Los libros de historia se escriben a toro pasado, es decir, nadie, salvo Nostradamus, se anticipa a lo que va a suceder. Los historiadores escriben sobre hechos acaecidos, no sobre el futuro.

Sin embargo, en psicología sabemos que la manera que tenemos de ver el futuro nos sugestiona y condiciona. Un futuro incierto y lleno de amenazas y dificultades nos genera desasosiego, en cambio, visualizar un futuro relajado, exitoso, nos genera ilusión.

No podemos controlar el futuro, pero sí anticiparnos a la parte controlable de la vida. Tenemos derecho a vernos bien en el futuro, seguros, desarrollando todo nuestro potencial, permitiendo, y sobre todo provocando, que nos pasen cosas buenas.

Así, pues, permítete el lujo de escribir la historia a tu manera. Tu propia historia. La que te gustaría que se escribiera de ti después de tener esa reunión, ese encuentro amoroso, esa escapada de fin de semana con tu amor. Si tuvieras que escribir la historia de lo que vivirás, ¿cómo sería? Deja que tu intensidad, ilusión y positivismo condicionen tu futuro.

NO LEAS ESTADÍSTICAS NEGATIVAS

Varios estudios han demostrado que nos encanta parecernos a lo normal, a la media. Si lees estadísticas en las que se describe que la mayoría de las personas abandonan sus objetivos para el nuevo año antes de que finalice el mes de enero, entenderás que eso es lo normal y te darás licencia para que así sea. Nos encanta ser como los demás.

Cuando leas una estadística negativa piensa que tú y tu actitud podéis ser la excepción. Alguna vez nos tocará ser la excepción positiva, digo yo, ¿no?

PÓNTELO FÁCIL

Estamos educados en la cultura del *No pain, no gain,* sin dolor no hay ganancia. Y eso es un error. Es verdad que necesitamos poner esfuerzo para conseguir muchas de nuestras metas, pero si de entrada pensamos que tenemos que sufrir para alcanzar nuestros sueños, a menudo nos frustraremos antes de empezar y ni siquiera lo intentaremos.

A mí me encanta facilitarme la vida. Así que te animo a que hagas lo mismo. Póntelo fácil. Basta con empezar poco a poco, adaptar el objetivo a tus horarios, rodearte de personas que deseen acompañarte, no exigirte durante un día si no te apetece y ser compasivo con tus equivocaciones.

Lleva un diario de todos los éxitos que vas logrando, por pequeños que sean. No esperes a apuntar el gran logro o el objetivo final, puedes anotar tanto los avances profesionales, personales, sociales, como los emocionales, por ejemplo, tener menos pereza al salir a correr o estar más animado en general, sentirte mejor o disfrutar de una ducha placentera.

Llevar un diario de progresos te ayudará a enfocarte en lo positivo de los cambios o de aquellas cosas que te cuestan un poquito más.

El método Kaizen habla de los procesos de mejora continua. Kaizen viene de dos palabras japonesas *kai* y *zen*, que significan la acción del cambio y el mejoramiento continuo, gradual y ordenado.

El Kaizen se basa en estos principios, espero que te sirvan:

1. **Cada día, una mejora.** Pequeña, pero diaria.

2. **Pasito a pasito.** Kaizen no piensa en el gran objetivo, sino en una mejora continua. Se basa en la perseverancia.

3. **Búsqueda continua de soluciones.** Se trata de ser proactivo y encontrar la solución, sin más reproches. Dado que no hay errores, solo mejoras, la sensación de satisfacción es altísima. Cada día aportas algo.

4. **No hay errores, hay cosas que no funcionan bien.** Esta filosofía elimina la idea de culpa. No se trata de pensar que te has equivocado, sino en cómo hacerlo mejor.

5. **Tómate tu tiempo, así no te precipitarás.** Cuando andamos con prisas o queremos cambios inmediatos, corremos más riesgo de equivocarnos.

6. **Háztelo fácil.** Cuando tratas de facilitarte tus acciones, fallar es bastante complicado. Hacérnoslo fácil nos permite sentirnos más seguros y acertar más.

7. **El ritmo lo marcas tú.** Empieza por plantearte un cambio que no requiera inmediatez. Tómate todo el tiempo del mundo. Eso sí, no dejes un solo día de cambiar.

VISUALIZA LO QUE DESEAS

Visualizar supone elaborar imágenes mentales. Lo que visualizamos es aquello en lo que la mente se enfoca. El contenido de la visualización depende de lo que desees lograr. Pero tienes que seguir una serie de reglas:

1. Visualizar todo el escenario: dónde estás, qué temperatura hace, quién te acompaña, a qué huele...

2. Estar centrado en lo que depende de ti en relación con tu objetivo.

3. Elegir algo posible, es decir, relacionado con tus talentos. Yo puedo imaginarme cantando en el teatro principal de Madrid, pero jamás podré hacerlo porque canto fatal. Tienes que visualizar algo que desees lograr y que sea posible.

4. Estar en un lugar que te permita relajarte, cerrar los ojos e imaginar la ejecución que posteriormente vas a realizar.

Visualizar aumenta las probabilidades de que lo imaginado suceda. La mente guarda en estado activo aquello que has visualizado, de tal manera que, llegado el momento, está al alcance de tu atención.

Consejos para manejar tus expectativas:

1. **Define tu talento y tus valores.** ¿En qué eres bueno, qué se te da bien, qué valores te ayudan a lograr tus metas? Y trabaja en la línea de lo que quieres conseguir. Si deseas alcanzar un objetivo determinado, diseña el plan de quien lo va a conseguir, no de quien tiene dudas en hacerlo.

2. **No le saques punta a todos los errores,** como ya sabes que forman parte del aprendizaje, acéptalos y déjalos estar. Extrae información para aprender de ellos, pero no para sentirte mal.

3. **Pregúntate: ¿Adónde puedo llegar?** No te quedes con lo que ahora eres o tienes si tu deseo es mejorar. Si no te ves capaz, no invertirás tiempo ni esfuerzo en otro tipo de entrenamiento o no buscarás a un profesional que te ayude a mejorar.

4. **Confía en el efecto placebo.** A la mayoría de las personas, cuando les das una pastilla para el dolor, este desaparece, incluso si la pastilla no es más que azúcar. No ningunees el poder de la mente.

5. **Créete los elogios que te hacen los demás:** «Eres bueno», «Qué fuerza de voluntad», «Ya me gustaría hacer lo que haces tú».

6. **Reafírmate.** No dejes de animarte con pensamientos motivadores y positivos. Los pensamientos los eliges tú, y los límites y las expectativas, también.

Como dijo Henry Ford: «Tanto si crees que puedes como si no, estás en lo cierto».

¿ES TAN PELIGROSO O COMPLICADO COMO PARECE?

Los cambios nos parecen tremendos de entrada. Tememos el cambio, el esfuerzo y el fracaso. Sin embargo, la experiencia nos dice que hemos tenido que adaptarnos muchísimas veces a cambios, ya sean motivados por nosotros o impuestos por otros, y hemos salido airosos.

Así que en lugar de contaminarte anticipando las dificultades, hazte esta pregunta: ¿Y si no fuera tan complicado? Solo lo averiguarás cuando te pongas a ello.

LA FUERZA DEL *WILLPOWER*

Willpower es una palabra inglesa que en español significa «fuerza de voluntad». También se podría traducir literalmente por «el poder de lo que será». Y justo eso es lo que deseamos, que algo que ahora no es sea. La fuerza de voluntad es el poder de conseguir lo que ahora no tenemos.

¿Qué deseas que sea en tu vida que ahora no es?

- Ser más activo.
- Comer más sano.
- Leer más en inglés.
- Ser más sociable.
- Desarrollar más el sentido del humor.
- Tener más calma.
- Ahorrar más.
- Cuidarte más.
- ...

El poder de lo que será puede empezar a ser en este mismo momento. Escoge una sola meta, un solo cambio, desglósalo, planifícalo y da el primer paso. Un paso pequeño, pero un paso. Ese paso ya te pone en el futuro.

Bienvenido al mundo de los voluntariosos.

SAL DE TU ZONA DE BLOQUEO

No es de la zona de confort de donde debes salir, sino de la de bloqueo. De esa zona en la que ya no estás cómodo. Sueñas con una vida más intensa, más plena, más emotiva, pero estás atrapado porque el cambio te genera desconcierto, miedo, incertidumbre.

Para salir de la zona de bloqueo:

- **Aprovecha tu malestar para que tenga un fin positivo.** Si estás sufriendo en la zona de bloqueo, soñando con ser algo que ahora no eres o vivir una vida que ahora no tienes, qué más da un paso más.

- **Busca ejemplos a tu alrededor de las personas que lo han conseguido.** Hablar con gente como tú, que te cuente su experiencia, sus dificultades y cómo consiguieron llevar una vida mejor, puede ayudarte a entender las fases por las que pasarás. Con eso no eliminas la incertidumbre, pero permite que te familiarices con ella.

- **Haz memoria sobre tus éxitos pasados.** ¿Cómo lo hiciste, qué dicen esas experiencias pasadas y exitosas sobre ti? Quien tuvo retuvo.

- **Piensa en el largo plazo y en cómo mejorará tu vida.** Estar en contacto con el futuro y los pasos diarios que te acercan a él hará que no parezca algo tan lejano.

- **Ten paciencia.** Es importante hacer cambios profundos pero permanentes.

- **Acepta el error, te acompañará toda la vida.**

- **No existe el momento perfecto, así que, simplemente, camina.** No se trata de darle la vuelta a tu vida en dos días. Ve haciendo algo cada día o cada semana.

CAMBIA DE BUCLE

Las personas funcionamos por hábitos, pautas y rutinas. Hay quienes consideran que fracasan de forma habitual y eso las lleva a no plantearse nada más ambicioso porque se han encasillado en el fracaso.

Este podría ser su esquema: se proponen una meta, se motivan la primera semana, por algún motivo flaquean, se sienten culpables, se tratan mal, sufren y tiran la toalla. Siempre suele repetirse la misma secuencia, de manera que cada vez que empiezan un nuevo cambio, saben cuál va a ser el siguiente paso y hasta conocen el proceso completo. Como ya saben cómo acaba la película, tiran la toalla en el segundo paso.

Al igual que definimos nuevas metas también tenemos que definir nuevos bucles, pero sanos, que permitan reengancharnos a lo que deseemos lograr. Bucles que estén identificados con nuestros valores y con el nuevo estilo de vida que buscamos. Es decir, cambias la pauta, el camino, lo establecido, de tal manera que el fracaso no sea predecible. Si en tu nuevo bucle no existe la idea de abandonar, de perder, de no conseguirlo, tarde o temprano tendrás que reencaminarte hacia la meta elegida.

Este sería el nuevo esquema: te propones una meta, te motivas la primera semana, te anticipas a la dificultad, decaes, te tratas con compasión, te vuelves a meter en tu futuro nuevo hábito, eso te refuerza y te sientes orgulloso.

GESTIÓN DEL FRACASO

- **Entiende el error como un hecho puntual, en lugar de verlo como algo permanente.** Aciertas más que fallas, así que no te estigmatices.
- **Asume que el error es parte de tu objetivo.**
- **Desdramatiza el error.** No es para tanto, como no lo es cuando lo comete un amigo. Si te fustigas y te tratas mal, tendrás miedo a cometer errores, no querrás seguir intentándolo y abandonarás tu meta.
- **Sé compasivo, amable y cariñoso contigo.** Sin reproches, sin críticas, solo aceptación. Cuantas más vueltas le das a algo, más presencia tiene en tu mente. Si das vueltas a los equívocos, pones más atención en lo que no deseas que suceda, y entonces sucede.
- **Pon en marcha tu creatividad y busca soluciones.** Empieza expresando algo así como: «Ostras, qué buena oportunidad para encontrar soluciones a esto que me ocurrió ayer».
- **No permitas que el pasado te condicione.** Si de un error, o de varios, extraes etiquetas que te identifican como alguien incapaz de alcanzar sus propósitos, esas etiquetas condicionarán el siguiente intento. «Sí puedo, soy capaz, soy constante, soy...». Elabora una serie de etiquetas positivas que impidan que te descalifiques la próxima vez.

PRIORIZA Y ACTÚA

Cuando sea mayor, cuando me jubile, cuando me relaje, cuando los niños crezcan…, todo el día pensando lo que harás en el futuro cuando tengas tiempo. Para ser tú, para apostar por ti, para disfrutar de tus momentos, tienes que atender a tus necesidades y definirlas como prioridades. Hazles hueco.

Los hijos, el trabajo, la pareja, los amigos son importantes, pero tú también lo eres. Si no encuentras un momento para ti y disfrutas de él, seguramente el tiempo que entregues a los demás tampoco tendrá la misma calidad. Porque cuando no estás satisfecho y percibes que tienes más obligaciones que disfrute, la apatía, la falta de motivación y la tristeza conviven contigo.

SABER PERDER

Saber perder es tan importante como saber ganar. No hacerlo puede generar mucha ira y frustración. Saber perder es clave para encajar todas las derrotas que vamos a vivir en la vida, poder reconstruirnos y seguir caminando hacia delante.

- Acepta simplemente que has perdido. Se pierde un proyecto de trabajo, una pareja, dinero. Puedes empezar por verbalizar: «He perdido», «Me he equivocado», «He fracasado», sin más, sin ningún juicio de valor, sin descalificarte.
- Analiza el motivo de la derrota desde tu responsabilidad y mirando al futuro de cara. Tengo que ser más atento con la pareja, tengo que atender a tiempo mis asuntos importantes, tengo que ser más reflexivo con mis inversiones...
- Repara el daño, si es posible, y pide perdón, si es el caso.
- Refuerza todo lo positivo. En toda derrota suelen haber aspectos positivos que pasamos por alto debido a la pena tan profunda que sentimos por haber perdido.
- Gestiona bien las emociones. Puedes meditar, hablar, hacer deporte, descansar...
- Sé compasivo o, lo que es lo mismo, sé amable contigo y trátate con respeto y cariño a pesar de la derrota.
- No menosprecies a la otra parte, la empresa de la competencia que te ha ganado el concurso, por ejemplo, o tu ex.
- Cuida tu autoestima. Una derrota es solo una derrota, no nos define como personas.

NO HAGAS CASO A TUS LIMITACIONES

Te animo a convertirte a partir de ahora en una persona incoherente con todos los pensamientos o ideas que tratan de limitarte, juzgarte, paralizarte o convencerte de aquello que no te conviene. Si tu pensamiento dice blanco, tú haces negro. A mí me resulta útil, aunque al principio cuesta. Se trata de no hacerles caso a algunas de tus ideas. Si tus limitaciones te dicen ¿adónde se supone que vas?, tú te pones en marcha.

Hay ocasiones en las que no tenemos que escucharnos, en las que no tenemos que hacernos caso, porque analizar, darle vueltas y encontrar medias excusas nos llevará a ser coherentes con la pereza y la falta de disciplina, y a no cumplir nuestros objetivos.

Así que la próxima vez que tengas una meta y los pensamientos vagos empiecen a hacerse hueco, decide si son los compañeros de viaje que deseas tener o si prefieres convertirte en un rebelde y no obedecerlos. Puedes darles un portazo virtual, darle al *delete*, decirles que no los has convocado o, incluso, mandarlos al garete. Todo, menos hacerte su amigo. Ya nos lo decían nuestros padres: «Aléjate de las malas compañías».

El truco está en actuar en lugar de pensar. ¿Te animas? Te prometo que eso es un potenciador de tus objetivos. En el momento en que dejas de hablar con los saboteadores, las metas están más a tu alcance.

LISTA DE CONVOCADOS

No sé si serás muy de fútbol o no. Pero te guste o no, seguro que sabes que en cada partido hay una lista de convocados que son los jugadores elegidos para participar en el encuentro. El entrenador los selecciona porque son los que, según su criterio, pueden resolver mejor el partido, pueden ganarlo.

¿Tú eres un jugador titular, convocado, o estás esperando en el banquillo a que la vida te dé el turno?

La lista de convocados la da el míster en un partido. Pero tu vida no es un partido, puedes salir a jugar cuando quieras. Unas veces con más intensidad, otras con menos. Algunas veces supermotivado, otras con más apatía. Incluso puedes decidir no tener siempre el papel principal. Para jugar en la vida no tienes que ser el goleador de tu equipo. A veces nos sentimos cómodos con un papel secundario y tampoco pasa nada.

Lo que sí tenemos que hacer es salir a jugar, de la forma que sea. Porque la alternativa es quedarnos sentados en el banquillo, viendo la vida pasar en lugar de estar dentro de ella.

¿Qué haces tú para jugar el partido de tu vida? ¿De dónde sacas la fuerza o la motivación?

NO HAY PLAN B

Deja de contemplar mentalmente una alternativa a lo que deseas hacer. Cuando no te pones en acción para cumplir tu propósito es porque tu mente te ofrece otra alternativa. Tu mente te está diciendo: «¿Ahora te vas a poner a organizar la agenda? Perderás tiempo y tienes que redactar el correo a tu cliente», o «¿Ahora vas a llamar para dar de baja los seguros? Te van a entretener por teléfono y no tienes tiempo».

Sí tienes tiempo, pero te da pereza enfrentarte a la burocracia de dar de baja seguros que no necesitas o realizar cualquier gestión que es un fastidio. Nuestra mente en general tiende a lo vago, es una conducta que nos ha ayudado a sobrevivir. Así hemos ahorrado energía; dejando de llamar a la compañía de telefonía móvil, a la de seguros..., es decir, evitando hacer cualquier reclamación, ahorras mucha energía y evitas que todo eso afecte para mal en tu estado de ánimo, claro que sí, pero si lo hicieras, tu vida económica mejoraría. Deseamos hacerlo, pero la pereza y la falta de motivación nos puede.

Dile a tu mente que no hay plan B. Que a tal hora concreta de tal día te pondrás a ello. Y ya está, lo haces sin darle más vueltas.

CINCO NOES PARA SOBREVIVIR A LA ADVERSIDAD

1. **No a convertir la pena o un bache en el monotema con tus amigos y familia.** Acabarás ahogando a los demás. ¿Dónde va la basura de la que tú te desprendes? Al vertedero de tu amiga, tu madre, tu hermana. Y al final, cansa.

2. **No a limitar tu vida esperando que el problema se resuelva solo.** No. Piensa, sé creativo, toma decisiones, arriesga, juega con la vida.

3. **No a ser el ombligo del mundo.** A veces dedicamos tanto tiempo a hablar de nuestro sufrimiento o nuestro problema que olvidamos preguntar a los demás cómo les va.

4. **No a no confiar en ti y en tus posibilidades.** Nadie confiará en ti si no lo haces tú, y dejar tus problemas en manos de los demás es perder el control de lo que es controlable. Buscar soluciones también es algo que se entrena.

5. **No a dejarte físicamente, atracar la nevera y tumbarte en el sillón para llorar las penas.** No dejes que un problema invada todas las áreas de tu vida. Actúa, vístete y compórtate como si estuvieras genial. El hecho de sonreír, arreglarte y caminar firme hará que tu cerebro, a través de la información propioceptiva, interprete que estás bien.

ACTUAR SÍ, INTENTARLO NO

Las personas cumplidoras se ocupan de hacer, más que intentar. Intentar nos quita presión, pero también intención. ¿Bebes agua o intentas beber agua? No, bebes agua. No se puede intentar beber agua.

No tengas miedo a fallar ni a comprometerte en algo. Si solo decides intentarlo, ya antes de iniciarlo tienes la excusa para abandonar. Quien dice que lo va a intentar, lo que de verdad está haciendo es cubrirse las espaldas antes de empezar. No es un buen punto de partida para ser cumplidor.

En muchas de mis presentaciones a deportistas de alto rendimiento pongo el fragmento del vídeo de Yoda en que le dice a Luke Skywalker: «Hazlo o no lo hagas, pero no lo intentes». Nuestra mente necesita saber de entrada qué se espera de la situación, adónde tiene que llegar, qué tiene que lograr. No le sirven los conceptos inexactos.

NADA SUCEDE SI TÚ NO INTERVIENES

Entre el deseo y el logro está la acción. Nada sucede si tú no intervienes.

¿En cuántas ocasiones te has visto fantaseando con lo que deseas, sin que luego se materialice? En muchas, seguramente.

No hay plan B, es ahora. Y para que sea ahora tu plan requiere tu colaboración. Eres la parte activa del plan. Así que te propongo que dejes de fantasear para convertir tus planes en acción.

Ponte en **MODO ON**. Este modo implica organización, determinación, un poco de fuerza de voluntad, disfrute, planificación y, sobre todo, vencer a tu voz interna, esa que te dice: «No podrás».

4. Fuerza de voluntad y autocontrol

Autocontrol y fuerza de voluntad son sin duda facilitadores del éxito personal y profesional. Se entrenan como entrenamos nuestro físico. Ejercer autocontrol supone elegir entre el deseo inmediato, fruto de lo que nos apetece o de lo que impulsivamente nos pide el cuerpo, y saber esperar para tener un premio mejor a largo plazo. Debatirnos entre el corto y el largo plazo es un esfuerzo que debemos entrenar, ya que estamos configurados para satisfacer placeres y necesidades a corto plazo.

A nuestro cerebro no le interesa que tú estés saludable, fuerte, que no te falten ni te sobren kilos, que tengas una vida plena. A tu cerebro le interesa que sobrevivas. Y si tu mente entiende que para lograrlo tienes que alzar la voz, comer mal o descansar en el sillón, en lugar de ir al gimnasio, contestar con serenidad o comer de forma saludable, eso es lo que tu cerebro antepondrá.

Como tener autocontrol conlleva elegir lo que te conviene por encima de lo que te apetece, necesitarás entrenar la paciencia, poner límites, horarios, restricciones, hacerte esperar. Es importante aprender a convivir con la frustración. El autocontrol supone disciplina, repetición, trabajo y fuerza de voluntad.

¿PARA QUÉ QUERRÍA TENER MÁS AUTOCONTROL?

Encontrar tu «para qué» es importante antes de entrenar la fuerza de voluntad y el autocontrol. Prueba a hacer tu propia lista. Por ejemplo:

- Para gestionar la ansiedad.
- Para no sentirme culpable después.
- Para no sufrir.
- Para comer sin ansia.
- Para organizarme mejor.
- Para hacer deporte
- Para tener hábitos saludables.
- Para estudiar.
- Para no enfadarme con mis alumnos.
- Para gestionar mis emociones.
- Para no chillar.
- Para no perder la paciencia.
- Para no estar siempre a la defensiva.
- Para educar a mis hijos.
- Para ser feliz...

¿CON QUÉ PIERDES EL AUTOCONTROL?

Perdemos el autocontrol cuando:

- Vamos pasados de ritmo.
- Algo nos enfada.
- Cometemos errores, como comer mal, fallar a nuestros principios.
- Se nos acumulan las cosas.
- No descansamos bien.
- Nos falta glucosa.
- No tenemos estrategias para afrontar las situaciones y problemas.
- No vivimos de acuerdo a nuestras prioridades y valores.

En estas situaciones perdemos el control porque nos desequilibran emocionalmente y nos generan ansiedad, apatía, frustración o tristeza. Si no aprendemos a gestionar eficazmente estas situaciones y sus consecuencias emocionales, no seremos dueños de nuestra reacción, que será desproporcionada, impulsiva, errada. Seremos presa de nuestras emociones, no tendremos la libertad de elegir cómo deseamos reaccionar porque no sabremos cómo manejarnos.

¿Cuáles son las situaciones, emociones, experiencias que te llevan a perder el autocontrol?

El autocontrol funciona como un músculo. Cuando se abusa de él, se agota. El autocontrol tiene su reserva diaria, por eso somos más «débiles» por la noche, porque a lo largo del día hemos ido agotando nuestras reservas.

¿Qué señales te dicen que se está agotando tu reserva?

- Romper o dejar de lado hábitos saludables como comer de forma saludable, hacer ejercicio, y empezar a acostarte más tarde o enredarte con redes sociales dedicándoles un tiempo que no tienes...
- Perder la concentración.
- Tener pereza.
- Contestar de malas maneras, con ira o agresividad.
- Perder la paciencia.
- Sentir que todo supone demasiado esfuerzo.
- Tener ganas de llorar.

NO PROHÍBAS, SOLO RETRASA

Todo lo prohibido se vuelve mucho más atractivo y despierta un deseo mayor. Cada vez que te dices: «No puedo picar, no puedo saltarme la dieta», «No voy a fumarme este cigarrillo», «No puedo probar el alcohol», acabas convirtiendo estos actos en tu foco de atención.

Si en lugar de prohibirte y exigirte no hacerlo, dejas la puerta abierta a poder hacerlo y te comportas con más permisividad, probablemente el deseo disminuya. Puedes decirte algo así como: «Tengo unas ganas tremendas de picar esa tortilla o de comprarme una bolsa de patatas fritas, si dentro de un rato sigo teniendo la misma apetencia, me la compraré».

Darte licencia no significa que te vayas a desmelenar. Este es el mayor miedo que tiene la gente: «Si me doy permiso no solo me comeré un pincho de tortilla, me la zamparé entera». Pero la ciencia ha demostrado que eso es falso. Que cuando te das permiso y dejas de prohibirte tanto, terminas autorregulándote y siendo mucho más responsable con tus hábitos saludables.

Se trata de utilizar una estrategia que te aleje del objeto de deseo: quita del campo de visión todo lo que te atrapa, no pases por los sitios que te llevan a quedarte a tomar una copa más, no dejes que te pongan el pan en el plato si no quieres comer…

Piensa en cuáles son tus inductores, qué es lo que inmediatamente asocias con la pérdida de control. Organiza el entorno para que te ayude.

QUIZÁ NO SE TRATE DE AUTOCONTROL, SINO DE FALTA DE ATENCIÓN

Muchas veces pensamos que el autocontrol es tirar de fuerza de voluntad. Pero la psicología ofrece muchas formas de entrenarlo para que no tengas que estar todo el día echándote un pulso a ti mismo.

De hecho, muchas veces no se trata de voluntad, sino simplemente de un problema de atención.

- **Póntelo fácil.** No te compliques con cambios ambiciosos.
- **Déjate ayudas y recuerdos visuales.** Notas, audios, alarmas...
- **Cambia tus rutinas.** Las viejas nos llevan a los viejos hábitos.

LA REGLA DE LOS DIEZ MINUTOS

El impulso y el deseo se comportan como las olas. La mayoría de los deseos a los que reaccionamos surgen de forma espontánea: «Madre mía, me comería ahora mismo una galleta, qué ganas tengo», «Le voy a contestar un wasap al cretino este y se va a enterar, ni que yo fuera idiota».

Sentimos una necesidad imperiosa de reaccionar ante lo que nos pincha o ante el deseo. Ante situaciones como estas pensamos que, si no respondemos comiendo o defendiéndonos con agresividad, no podremos estar tranquilos y que, comiendo o atacando, se nos pasará. Y así es, se nos pasa…, pero solo durante unos minutos, porque al rato nos está llamando la siguiente galleta o contestan nuestro mensaje y no salimos del bucle.

Cada vez que te sientas tentado por cualquier conducta impulsiva de la que sabes que seguramente te arrepentirás, espera diez minutos. Hazlo cuando sientas deseo de comer o ganas de contestar con toda tu furia, percibirás que el deseo sube, sube, sube… y de repente, empieza a bajar, como una ola. Alcanza su pico y luego decrece. Pero como hasta ahora siempre has saciado el impulso y el deseo antes de que decrezcan, no te has permitido experimentar que a menudo desaparece de forma natural. Así que dale esos diez minutos.

SURFEAR EMOCIONES

Las emociones se comportan en nuestro cuerpo como una ola. Imagina por un momento una ola que se acerca a la playa, a medida que toma velocidad, la cresta de la ola sube, pero al llegar a la orilla, rompe y se desvanece. Cuando alcanza esa cresta, parece fuerte, virulenta, pero al romper en la orilla no es nada, solo agua que acaricia la arena.

Cuando sientes ansiedad, ira o ansia por la comida, piensas que su intensidad va a durar mucho tiempo y sueles tratar de calmar estas emociones de forma rápida, para encontrar alivio. O gritas, o comes, o bebes…

Trata de «surfear» la emoción. La ansiedad, la ira, las ganas de comer para calmar esas emociones se van a manifestar en ti como una ola, y normalmente tiendes a realizar un ritual, como comer algo insano o comprar de forma compulsiva, para no sentir la cresta de la ola, que es el momento de más ansiedad. Tranquilo, si les das unos minutos más, te darás cuenta de que bajan y se desvanecen. No tengas miedo de la emoción, acéptala como algo normal en el proceso de ser libre y desprenderte de hábitos poco saludables.

PREPÁRATE CON LA TÉCNICA DEL CONDICIONAL

Esta técnica es muy útil para anticiparte a autocontrolar lo que te atrae y no te conviene. Se trata de completar la siguiente frase: «Si…, entonces yo…».

Fíjate en estos ejemplos:

- «**Si** los niños se dejan un resto en el plato de la cena, **entonces yo** lo tiraré rápidamente al cubo de la basura, sin pensar».

- «**Si** los niños se dejan sobras en el plato, **entonces yo** les pediré que vacíen su plato en el cubo de la basura antes de dejarlo en el fregadero».

- «**Si** en el catering del cumpleaños de mi compañero de trabajo me ofrecen montaditos, **entonces yo** diré "No, gracias" y tomaré un sorbo de mi cerveza sin alcohol».

- «**Si** en la cena de parejas de este sábado me ofrecen la carta de postres, **entonces yo** pediré rápidamente un café solo con hielo».

CONOCER LAS CONSECUENCIAS NOS AYUDA A AUTOCONTROLARNOS

La mayoría de las veces nos saltamos el control por no pararnos a pensar qué ocurrirá si lo hacemos o por minimizar el riesgo.

Pero ¿qué es lo peor que podría pasar? Existen diferentes tipos de consecuencias. Te animo a pensar en ellas:

- Las propias de no controlarte: tu salud puede verse afectada, coger peso, molestar a quien no desea ser molestado con un mensaje o con una llamada, etc.
- Las emocionales, fruto de sentirte mal por no ser capaz de controlarte.
- Las que afectan a terceros: «¿Dañaré la relación?», «¿Qué imagen doy cuando me comporto de esta manera?
- Las legales, por ejemplo, si conduces después de haber bebido o te saltas los límites de velocidad.
- Las económicas, por ejemplo, gastar más de lo que dispones.

CONOCE LAS SITUACIONES QUE TE DESEQUILIBRAN

Perder el control en determinadas situaciones acaba por desequilibrarnos emocionalmente. Nos genera ansiedad, apatía, frustración o tristeza. Si no aprendemos a gestionar eficazmente estas situaciones y sus consecuencias emocionales, no seremos dueños de nuestra reacción, que puede que sea desproporcionada, impulsiva, errada. Seremos presa de nuestras emociones, no tendremos la libertad de elegir cómo deseamos reaccionar porque no sabremos cómo hacerlo.

¿Sabes cuáles son las situaciones, los estresores que te sacan de quicio?

- Cuando vas pasado de ritmo, todo el día corriendo, deprisa.
- Cuando algo te enfada.
- Cuando fallas a tus principios o valores.
- Cuando te saltas tus hábitos saludables.
- Cuando se te acumulan las cosas.
- Cuando duermes mal y no descansas bien.
- Cuando te falta glucosa.
- Cuando te faltan estrategias para afrontar las situaciones y los problemas.
- Cuando dejas de atender a tus prioridades y valores.
- ¿...?

SIN MOTIVACIÓN, LA VOLUNTAD TIENDE A DESAPARECER

Póntelo fácil, necesitas buscar tu verdadero motivo. Imagínate la idea de hacer ejercicio. No importa la razón por la que lo hagan tus amigos o tus compañeros de trabajo. Hay gente que hace deporte por estar sano o por perder peso, pero si a ti lo que te motiva es levantar el brazo y saludar sin que te cuelgue el pellejo debajo del tríceps, ese es tu motivo, y esa será la causa que te lleve a trabajar los músculos y a hacer deporte. Puede que los demás te digan que es un motivo superficial, trivial o una tontería, no te preocupes, hacer juicios de valor es un deporte nacional. Si has encontrado la motivación para cumplir tu propósito, ya es argumento suficiente para ganar a la dejadez.

Intenta completar la frase «¿Para qué quiero…?» con cinco argumentos, y cuando tengas la respuesta vuelve a preguntarte ¿para qué?

Mira mi ejemplo:

Quiero volver a hablar alemán con fluidez.

- **¿Para qué?**

Para no perder lo que sabía.

- **¿Para qué?**

Para poder relacionarme con seguridad en alemán.

- **¿Para qué, si no tengo planes de relacionarme en alemán?**

Para sentir el orgullo de poder hacerlo, aunque no lo necesite.

QUE LA VOLUNTAD NO TE PILLE DESPREVENIDO

Planifica, estate preparado, que la falta de voluntad no te pille desprevenido. Planificar qué vas a hacer cuando flaquees aumenta las probabilidades de tener éxito. Cuando una persona siente un fuerte impulso que le incita a romper sus propósitos, la emoción que percibe en ese momento es tan fuerte que pierde la capacidad de razonar y reflexionar.

Confecciona una lista con distintas alternativas que eviten «la caída». Piensa en llamar a alguien, poner una serie que requiera toda tu atención, prepararte un té y tomártelo de forma relajada, tener chicles en casa para saciar la necesidad de comer algo dulce, llamar a esa persona a la que le encantaría salir a correr contigo, etc.

Ten tu lista de «Si la voluntad me falla, que las alternativas estén conmigo» y consúltala cuando surja la necesidad de hacerlo.

OJO CON LA FUERZA DE VOLUNTAD, PORQUE SE DESGASTA

El famoso estudio del psicólogo Roy Baumeister demostró que cuando utilizas tu fuerza de voluntad en una tarea, la agotas para la siguiente.

Se hizo el experimento con dos grupos de sujetos. Ambos grupos entraban en una sala que olía a galletas recién hechas. Uno de los grupos podía comer galletas, mientras que al otro grupo se le pedía que, en lugar de galletas, comiera rabanitos. Después tenían que participar en una segunda actividad que consistía en resolver un puzle geométrico bastante complicado. Los que habían agotado su fuerza de voluntad comiendo rabanitos, abandonaron el puzle a los ocho minutos, mientras que los que seguían teniendo la fuerza de voluntad intacta porque pudieron comer galletas, consiguieron mantener la concentración y no rendirse una media de diecinueve minutos.

Así, pues, la fuerza de voluntad se desgasta con el uso. Al igual que si sobreentrenas te lesionas o te sientes agotadísimo, la fuerza de voluntad funciona también como un músculo, tiene un límite y tú debes elegir en qué utilizarla.

- ¿Tienes demasiados frentes abiertos?
- ¿Exiges demasiado a tu autocontrol y tu fuerza de voluntad?

SÉ PRUDENTE, LO CONTRARIO TE DEJA MAL

La persona prudente:

- No participa de las críticas, pide a los demás que dejen de hablar de otros en su presencia.
- Observa antes de hablar.
- No habla de forma dicotómica, todo o nada, blanco o negro.
- No cuenta un secreto. Por muy atractiva que le parezca una noticia, guarda la intimidad de quien ha confiado en ella.
- No da voces.
- Pide permiso antes de aconsejar.
- No dice groserías. Ojo con el humor, no todo vale.
- No acapara la atención ni el protagonismo durante una conversación.
- No comparte información de los demás sin permiso.

Y, por supuesto, no habla con el cerebro vacío. Es de mala educación hablar con la boca llena y con el cerebro vacío.

PIENSA EN LA DESAPROBACIÓN DE ALGUIEN

A pesar de que la opinión más importante a la hora de actuar es la tuya, es cierto que los valores, cómo impactan nuestros actos en la vida de los demás y los límites propios y ajenos regulan nuestra conducta.

Solemos cumplir lo que debemos cuando pensamos que no hacerlo podría decepcionar a alguien. Se trata de apelar al orgullo o a la vergüenza, estas emociones son muy potentes a la hora de autocontrolarnos.

Obviamente no tenemos que depender de la aprobación de los demás, pero si estás interesado en cambiar comportamientos que te perjudican o que limitan la vida que deseas llevar, sentirte desaprobado puede ayudarte a controlar lo que deseas controlar.

Insisto, no se trata de vivir la vida de nadie, sino de disponer de una estrategia más que te ayude a vivir la vida que tú has elegido.

ORGULLO COMO AUTOCONTROL

Para que el orgullo funcione debemos sentirnos observados. Esto se debe a la importancia que damos al sentimiento de pertenencia y a la deseabilidad social. Con nuestro comportamiento buscamos formar parte del grupo, agradar, ser reconocidos y valorados. Cuando sientes que alguien está orgulloso de ti por tu decisión de autocontrolar algo que te conviene, tienes más probabilidades de controlarte.

El hecho de compartir tu proeza también fomenta el autocontrol. En este sentido, las redes sociales pueden convertirse en tus grandes aliadas. Puedes tener con ellas una relación simbiótica muy chula. Ahí fuera hay un montón de gente a quien poder inspirar con tus esfuerzos. Mucha gente se motivará viendo que tú, un mortal común, eres capaz de hacer algo que a ellos les cuesta y te lo agradecerá. Y tú te beneficiarás porque te sentirás valorado y reconocido.

Las emociones intensas nos llevan a perder el control y entonces cedemos a hábitos poco saludables, por ejemplo, cuando la pena nos deja apoltronados en el sillón, o cuando la frustración con un compañero del trabajo nos impulsa a contestarle de malos modos.

Reconoce la emoción, ponle nombre, acéptala y piensa tu línea de conducta. Una cosa es lo que sientes y otra obedecer a lo que sientes.

Seguro que te has visto muchas veces en situaciones parecidas a estas: desearías ver un capítulo más de una serie, pero sabes que tienes que levantarte mañana temprano; desearías no desmaquillarte, pero sabes que te conviene hacerlo para cuidar tu piel; desearías beber una copa más, pero tienes que conducir; desearías mandar a paseo a tu compañero de trabajo cuando se pone repelente, pero crearías mal rollo en el puesto de trabajo, etc.

Ante muchos deseos somos capaces de elegir el camino correcto. Basta con reconocer lo que sientes: «Siento muchísimas ganas de comer galletas, pero, por ahora, elijo hacerme un té y leer un rato». Verbalizar en voz alta contigo mismo y reconocer lo que sientes te ayudará a aceptarlo y a canalizarlo mejor.

NO TE ENGAÑES, NO TE CONVIENE

A veces el deseo es tan potente que buscamos cientos de argumentos que nos dicen que lo que deseamos en realidad no es tan malo como parece. No te escuches, este es un momento de absoluta debilidad.

A tu parte cómoda y racional le encanta enredarte con argumentos a favor del placer y en contra del largo plazo. No te dejes engañar, tienes todas las de perder.

ELIGE EN QUÉ PONER EL AUTOCONTROL

¿Sabes cuántas veces pones a prueba tu autocontrol y tu fuerza de voluntad durante el día? Muchísimas, pero no somos conscientes de ello en la mayoría de las ocasiones. Gastamos nuestro autocontrol —y digo «gastamos» porque este proviene de una fuente de reservas que se nos va agotando a lo largo del día— al comprometernos en hábitos de vida saludables, al contener un grito a nuestros hijos cuando estamos agotados, al no pitar cuando conducimos y alguien nos adelanta mal, al mantener la paciencia en la fila del supermercado, etc.

Aunque tengas una superlista de cambios pendientes: dejar de fumar, comer de forma saludable, hacer más ejercicio, enfadarme menos, meditar, leer más…, empieza solo por uno.

Elige bien en qué quieres poner tu autocontrol y tu fuerza de voluntad. Tienes autocontrol, tienes fuerza de voluntad, pero quizá estás abusando de ellos. Elige tus prioridades.

Antes de comentar un post o expresarte en redes sociales, ten en cuenta que lo más probable es que la persona que lo ha escrito, dibujado, fotografiado, expresado, lo haya hecho desde su sabiduría, desde su experiencia, y con buena intención. Esa persona está tratando de compartir lo que sabe, lo que le gusta, lo que cree que ayuda, aunque a ti no te lo parezca.

Estás en tu derecho de criticar y expresar opiniones contrarias, pero no tienes derecho a ofender. Tu libertad acaba donde empieza el dolor de la otra persona.

Antes de formular tu crítica, reflexiona sobre las siguientes preguntas:

- ¿Aporta algo positivo lo que voy a comentar?
- ¿Lo estoy haciendo de forma constructiva?
- ¿Puede ser ofensivo, humillante, doloroso lo que voy a comentar?
- ¿Tengo intención de expresar lo que siento o pienso o solo deseo sacar mi rabia?
- ¿Sería más oportuno hacerlo por privado?
- ¿Tengo que expresar siempre mi desacuerdo o hay batallas de las que puedo pasar? ¿Necesito comentar todo lo que no me gusta?
- ¿Los hijos, la pareja, las personas que quieren a esta persona se sentirán ofendidas con lo que yo voy a expresar sobre ella?
- ¿Me gustaría leer esta crítica sobre mí?
- ¿Me lo estoy tomando como algo personal?
- ¿Me arrepentiré dentro de un rato de mi comentario?

La investigación ha demostrado que nuestra capacidad de tomar decisiones se fatiga a lo largo del día y que somos más ágiles por la mañana o cuando estamos más frescos. Esta fatiga por la toma de decisiones está relacionada con la fatiga mental, más que con la física. Nuestro cerebro sufre mucho desgaste durante el día, y al final de la jornada no tenemos ni capacidad para tomar decisiones ni autocontrol.

En este momento surge lo que los investigadores llaman «avaricia cognitiva», que no es ni más ni menos que ahorrar energía mental. Por eso limitas mucho tus decisiones para no comprometerte y protegerte. Ojo, esta fatiga nos deja rendidos. Si en ese momento aparece alguien persuasivo, puede que te venda un peine aunque seas calvo. Si notas signos de fatiga mental, no es el mejor momento para tomar decisiones de ningún tipo.

ACTÚA CON SERENIDAD

1. Organiza y planifica

¿**N**o te has dado cuenta de que algunas personas llevan adelante muchas actividades, por ejemplo, hacer deporte, participar en un taller de cocina, asistir a eventos culturales, atender a sus hijos y a su trabajo, además de cuidarse, y parece que les da tiempo a todo? Estas personas están entrenadas en algo muy sencillo: planificar. Planificar es una de las estrategias que utilizan quienes gestionan bien su tiempo.

Planificar no es estar todo el día haciendo listas, es algo más profundo. Puede que al principio lo interpretes como una pérdida de tiempo, porque planificar, en efecto, requiere un tiempo. Pero a medio y largo plazo conseguirás ser mucho más organizado, puntual y eficaz en el manejo del tiempo personal y profesional.

Dedica diez minutos a la hora del desayuno a visualizar y escribir en tu agenda. El hecho de tener una imagen visual de tus reuniones, tus propósitos, tus tareas permitirá que el cerebro se prepare para ello. También puedes aprovechar para anotar asuntos pendientes del día anterior y recolocarlos en otros días.

ANTES DE METER, SACAR

Necesitas hacer hueco a cualquier cambio u organización que quieras introducir en tu vida. Si no te cuadra en la agenda, si no consigues hacerle hueco, lo abandonarás.

Haz una lista de los momentos que te hacen perder el tiempo o sientes que podrías utilizarlos mejor. Por ejemplo:

- Pasar media hora al día viendo las redes sociales.
- Ver tres horas de televisión cada noche.
- Dedicar hora y media a comer en la empresa, cuando con veinte minutos te basta.
- Hablar demasiado tiempo con amigas por teléfono.
- Dedicar excesivo tiempo a poner orden en casa.

Una vez tengas la lista hecha y hayas tomado conciencia del tiempo que dedicas a estas actividades, decide qué podrías estar haciendo en su lugar.

EMPIEZA POR PEQUEÑAS RESPONSABILIDADES

Cuando queremos organizar nuestra vida, darle un cambio importante, tenemos que otorgar importancia también a los cambios secundarios, colaterales, que se derivarán de él.

La idea de tener pequeñas acciones bajo control nos da seguridad y confianza para emprender cambios más ambiciosos.

Completa esta frase: «Si viviera esta semana con más responsabilidad, entonces...». A mí se me ocurren muchos finales:

a. ... me acostaría antes.

b. ... me pondría crema hidratante todas las noches.

c. ... ordenaría la montaña de papeles que me come en la mesa del despacho.

d. ... leería a diario.

Atrévete a rellenar tu lista empezando por lo más sencillo.

Elabora tus menús semanales y procura tener en casa todos los ingredientes que necesitas.

Parte de la falta de organización se debe a que no anticipamos la semana. El ritmo de casa, trabajo, hijos y vida personal nos lleva a no tener tiempo de organizarnos como nos gustaría. Adquiere la rutina de elaborar los viernes por la tarde el menú de la semana siguiente. Si comes en el trabajo, olvida la comida y céntrate solo en las cenas. Hazte un esquema bonito, en el que figuren todos los días de la semana y lo que comerás.

Puedes dedicar la mañana del sábado, o cuando a ti te venga mejor, a ir a la compra. Así no tendrás excusa entre semana. No hay nada más peligroso para desorganizarte y romper las rutinas saludables que no tener en casa lo que necesitas. Te lleva a tirar de lo fácil, de los procesados, y con ello, sentir que tu alimentación, o cualquier otro buen hábito, están desorganizados.

Soy de las personas a las que pensar en grande les viene en grande. Me gusta más pensar en pequeño.

Pensar en pequeño no es propio de conformistas, ni de facilones, ni de vagos, es propio de coherentes. A muchas personas les agobia y les desmotiva pensar en grande. Ven la meta tan a largo plazo que se rinden antes de empezar.

Para mí pensar en pequeño no significa dejar de crecer, sino avanzar paso a paso. Significa no agobiarme con lo que por ahora no puedo controlar.

Y tú, ¿eres de los que piensan en grande o en pequeño? ¿Te permites pensar en pequeño o crees que si lo haces dejas de ser valiente, luchador, ambicioso?

DELEGA

Delegar no es solo para los que dirigen. Puedes delegar en tu pareja, en tus hijos, en tus compañeros del trabajo. Las personas que no delegan creen que hacen las cosas mejor y más rápido que los demás. Y puede que sea cierto, pero si siempre lo haces tú y no inviertes tiempo en formar a los demás, siempre serás esclavo de las tareas.

Imagina que deseas salir a caminar, pero antes de cambiarte de ropa piensas: «Tengo pendiente recoger el lavavajillas, contestar varios correos y hacer una llamada a la pediatra». Los correos sí son tuyos, lo demás se puede delegar. Tú recoges el lavavajillas mejor que nadie, sabes dónde va cada cosa, y tus hijos no. Pero ¿qué más da? Si no encuentras algo ya te dirán dónde lo han colocado. Y no te des la excusa de «Si total, son diez minutillos», porque son esos diez minutillos los que luego necesitas para hacer lo que te place. No puedes llegar a todo y dejar espacio a tus aficiones si no aprendes a delegar.

¿Qué estás haciendo tú que puedan hacer otras personas? Siéntate, por favor, y elabora una lista. Comparte la lista con todas las personas cercanas e involucradas que pueden responsabilizarse de lo que te responsabilizas tú.

PROMETE LO QUE PUEDAS DAR

Uno de los motivos por los que la gente no cumple con su agenda o con sus plazos es que promete más de lo que es capaz de dar.

Tenemos una tendencia natural a ser excesivamente serviciales, nos gusta complacer porque pensamos que así no fallamos a los demás. Una regla para ser cumplidor es prometer menos de lo que puedes hacer.

Dales margen a tus plazos. Calcula la entrega siempre uno o varios días antes, de tal manera que, si ocurre un imprevisto, puedas tener un tiempo extra para entregar en la fecha acordada. Y si al final no ocurre ningún contratiempo, siempre puedes entregarlo antes y quedar como supercumplidor. Crear una reserva de tiempo, como dice la coach Talane Miedaner, nos ayuda a tener control sobre el tiempo y sobre nuestro trabajo.

Márcate los plazos en la agenda un día o unos días antes. Y cumple con la fecha para ese día, no para el de la entrega real. Acostúmbrate a esta disciplina. Es absurdo e inútil esperar que la presión externa te lleve a cumplir con tus obligaciones. Muchísimas personas se ponen las pilas cuando no les queda más remedio y viven en un constante caos, con la sensación angustiosa de no llegar. Esto, a la larga, nos genera una imagen negativa de nosotros mismos, además de un estado de ansiedad constante.

¡Nadie quiere sacar tiempo para salir a correr cuando sabe que no ha cumplido con el trabajo pendiente!

Nuestra mente es más rápida y resolutiva cuando tiene claro en qué momento inicia y en qué momento finaliza una actividad. Esta limitación de tiempo le permite gestionar la atención, la concentración y la eficacia, lo cual mejora el rendimiento porque evita que te disperses pensando que dispones de todo el tiempo del mundo para realizar esa tarea.

La presión del tiempo puede jugar a nuestro favor. Saber que tenemos un tiempo limitado para una reunión, para tomar una decisión o para redactar un escrito incrementa la concentración que ponemos en lo que hacemos.

Cuando te marques tiempos es importante que los cumplas, a pesar de que no hayas finalizado lo que estabas haciendo. Es decir, si te has marcado un horario, al llegar a su término, para. Aunque no hayas concluido la tarea, no sigas, de lo contrario, tu mente no se tomará en serio tus tiempos y el próximo día volverá a dispersarse, conocedora de que no serás capaz de atenerte a tus límites.

Es preferible que seas más generoso con el tiempo que te das, a romper la promesa de acabar la tarea con el tiempo marcado.

Seguro que haces muchísimas cosas al día, pero ¿son todas importantes?, ¿es necesario que mantengas tu nivel de implicación, de perfeccionismo, en cada una de ellas? ¿Podrías hacer menos o hacerlo a otro ritmo o intensidad? ¿A qué podrías renunciar? Seguro que podrías:

* Dejar de planchar los trapos de la cocina.

* Dejar de cocinar de forma elaborada; de hecho, las cositas a la plancha son más saludables.

* Organizarte con la compra para hacerla una vez a la semana.

* Llevar un menú que te evite tener que pensar cada día en qué harás de comer.

* Pedir a la familia que colabore más.

* Limpiar con menos frecuencia (hay personas que tienen la casa como un museo, no se trata de que esté sucia, sino de no obsesionarnos con la limpieza).

* Dejar de revisar un correo diez veces buscando el error.

* No pasar a limpio los apuntes.

No sé…, piensa en qué puedes ahorrar tiempo o qué puedes dejar de hacer.

Para decidir qué cambiar, obsérvate durante una semana. Apunta cuánto tiempo dedicas a cada tarea y el nivel de exigencia que le pones. Y luego, sobre papel, decide con qué vas a ser más condescendiente o qué vas a dejar de realizar.

TENER MÁS TIEMPO

¿Te cuesta encontrar tiempo?
Empieza por estos cuatro consejos:

- **¿En qué se te va el tiempo ahora?** Te sugiero que durante una semana registres todo aquello que realizas durante el día. Tú crees que lo sabes, pero hasta que no lo ves escrito no eres consciente de cuánto tiempo pierdes.

- **Haz hueco, canjea hábitos.** Ahora que sabes dónde está tu tiempo, decide a qué puedes renunciar, por ejemplo, a una hora de redes sociales. Puedes canjear esa hora por lectura, deporte, meditación...

- **Establece prioridades.** Si no decides que algo es prioritario para ti, no podrás ocuparte de ello.

- **Pon orden y organización en tu agenda, lo que no está escrito se suele olvidar.** Ordenar la agenda puede ser al principio una «pérdida» de tiempo, pero al final te permite gestionarlo mucho mejor.

DI «NO» Y PON LÍMITES

Decir «no» te ayudará a tener una vida más tuya y más serena.

- **Acepta la idea de que te puedan juzgar.** No puedes controlar lo que otros piensen de ti, pero sí puedes conseguir que no te afecte.
- **Sé sincero y honesto.** No pongas excusas que la otra persona pueda rebatir.
- **Si es posible, ofrece una alternativa.** Imagina que una amiga te pide que la acompañes a buscar un vestido para una celebración y tú estás agotada, aunque te apetece hacerlo. Puedes decir algo como: «Hoy estoy agotada, pero me encantaría acompañarte en otro momento. Si te viene bien el sábado por la mañana, podemos ir juntas».
- **Ten claros tus innegociables.** Para ello es necesario que te conozcas y sepas a qué no deseas renunciar, qué no estás dispuesto a realizar.
- **Si tienes dudas, pide un tiempo.** Hay veces en que las peticiones nos cogen por sorpresa. Cuando tengas dudas sobre si acceder a algo o no, pide tiempo. No estás obligado a contestar de forma inmediata.
- **No te enfades si la gente te insiste.** El mismo derecho que tienes tú a decir que no tiene la otra persona para buscar un sí. Sé más perseverante.
- **Declina siempre con amabilidad y respeto.** Aunque el favor que te pidan te parezca impropio, no juzgues, no pongas cara de: «Pero tú estás loco o qué». Simplemente di «no».
- **Acepta las consecuencias.** Hay personas rencorosas que no te perdonarán que les des un no, pero quizá este es el tipo de personas que debes perder en tu vida.

DESHAZTE DE TODO LO QUE TE OCUPE ESPACIO Y NO TE SIRVA

¿Y si, en lugar de empezar «haciendo», empezamos «deshaciendo»?

Cada año, el primero de enero, la gente se afana por definir sus objetivos, por soñar con que el cambio es posible. Las personas necesitamos un pistoletazo de salida para empezar la carrera y el primer día del año es el *ready, steady, go* para muchísima gente.

Si pretendes empezar una nueva actividad, renovar tu estilo, tratar de ser más amable, poner límites a quien te abruma, comer de forma saludable o cualquiera que sea el propósito de año nuevo, tendrás antes que hacerle hueco. Porque todo todo no nos cabe. Tendrás que dejar el malhumor, la comida basura, deshacerte de la ropa pasada de moda o dejar alguna actividad en la que pierdes tiempo a fin de utilizar ese hueco para realizar cosas nuevas.

- Elabora una lista de todo aquello que quieres que salga de tu vida: comida basura, un pantalón de una talla que no te sirve desde hace años, rutinas perjudiciales, un tema de conversación del pasado..., para hacer hueco a lo nuevo.
- ¿Por dónde empiezas?, por lo fácil, por lo posible, por lo que dependa de ti, por aquello para lo que tengas tiempo. Dale prioridad, ponle fecha, actúa, ordena, tira. Libérate de todo lo que te genera malestar.
- Cuando hayas hecho limpieza, mete nuevas formas de comer, nuevas rutinas, nuevas conversaciones, otro orden en tu vida, aficiones, un curso pendiente.

NO ES TU RESPONSABILIDAD

Ocuparnos de lo que no es nuestra responsabilidad, además de ser frustrante y agotador, no nos ayuda a gestionar nuestro tiempo.

Te invito a escribir una lista de todo aquello que ahora te preocupa o realizas y no es tu responsabilidad, para que luego puedas despreocuparte de su contenido.

Ejemplos de lo que no es tu responsabilidad:

- Las notas de tus hijos no se deben a tu falta de atención.
- No puedes resolver lo que tu pareja se guarda, no sabe expresarte o decide no contarte.
- La tristeza o los miedos de la gente que te rodea.
- Alguien más puede hacer algo porque tu madre o tu padre no estén solos.
- Ser eficaz en el trabajo no te obliga a controlarlo todo.
- Las decisiones equivocadas de hermanos, amigos o gente que quieres, son suyas, no tuyas.
- No siempre se puede hacer más, y, aunque se pueda, tampoco es tu responsabilidad.

LISTA DE TEMAS PENDIENTES

Hay temas que no podemos cerrar ni organizar, bien porque no es el momento oportuno, bien porque nos estamos anticipando, bien porque dependen de terceras personas. Cuando nuestra mente sabe que algo nos preocupa, suele taladrarnos con ello solo para que no se nos olvide.

Si tienes asuntos pendientes que ahora no puedes abordar o asumir, pero que tendrán un curso distinto en el futuro, es decir, que están por resolver, escríbelos. Una demanda pendiente, una revisión médica, un viaje, un contrato largo que tienes que firmar, una obra…, haz una lista con todo o una hoja de Excel en la que anotes: asunto, situación actual, personas relacionadas, teléfonos o correos de contacto, próxima reunión o fecha.

Con este simple ejercicio, tu cerebro sabrá que puede desatender esta información. Es decir, al estar escrito y organizado, ya no se ve en la obligación de tener que recordártelo para que no se te olvide. Eso permite a tu mente centrarse en el presente o en asuntos que puedas resolver ahora.

DECORA PARA ESTAR A GUSTO

La corriente *housewarming*, o «calentarse la casa», entiende que un hogar ordenado, limpio, con luz natural, decorado a tu gusto, favorece el descanso y el disfrute de tu casa. Es importante vivir en un hogar en el que te apetezca estar, ayuda a tener despejada la mente y a concentrarse mejor.

Poco a poco puedes ir cambiando los muebles que no te gustan, comprando menaje de hogar con el que disfrutes a la hora de cocinar o comer. Añade también detalles como velas, olores, flores, plantas. Se trata de vivir en un hogar que te inspire armonía. Ten en cuenta también la luz. Puedes conseguir darle mucha más calidez cambiando las bombillas.

Si eres de las personas que trabajan en casa, tienes tu propio despacho o puedes elegir parte de la decoración en la oficina, crea un ambiente en el que apetezca trabajar: luz, orden, decoración, música. Ten a mano todo lo necesario para poder trabajar o estudiar. Si estás teletrabajando, recuerda que tu casa siempre tendrá una serie de ventajas sobre la oficina. La has decorado tú, refleja tu esencia, tu estilo.

DEJA DE HACER

¿Tienes que hacer todo lo que ahora estás haciendo? ¿Y, si tienes que hacerlo, requiere ese grado de exigencia?

Quizá todos los días llamas dos veces a tu madre, tal vez vas a comer tres veces en semana a casa de tus padres, igual eres de las que llevan la agenda de tu hermana porque a ella se le olvidan sus revisiones médicas, o estás pendiente de qué necesita tu hermano que vive fuera. Podrías reducir el número de llamadas, las visitas a tus padres, dejar de sobreproteger a tus hermanos o dejar de recordarles lo que ellos deben tener presente.

Escribe una lista de aquello que vas a empezar a dejar de hacer y piensa en qué vas a invertir ese tiempo que ahora la vida te regala. En lugar de comer tres veces por semana en casa de tus padres, podrías empezar por dejar de ir un día y dedicártelo a ti, a darte un masaje, a caminar, a comer con amigas una vez a la semana o disfrutar de comer sola en casa.

NO PREGUNTES, REPARTE

Cuando los demás se han acostumbrado a que seas tú quien lo hace todo, dan por sentado que lo seguirás haciendo. Sin entrar en juicios de valor como el grado de egoísmo, ya ni se les ocurre preguntar: «¿Quieres que lo haga yo?», porque que te ocupes tú se ha convertido en un hábito.

A partir de ahora no pienses que pedir a los demás que se ocupen de lo que haces tú es pedirles un favor. No lo es. Favor es el que llevas haciéndoles tú toda la vida.

A partir de ahora, en vez de preguntar: «¿Podrías, por favor, ocuparte tú de papá y mamá este fin de semana?», pon en el chat de la familia: «Yo este fin de semana no puedo ocuparme, organizaos para hacerlo vosotros».

LEVANTARTE CON ALEGRÍA
PARA NO LLEGAR TARDE

- **Acuéstate más temprano**, no le robes horas al sueño.
- **La paciencia y la rutina son importantes.** Reparar el cansancio acumulado te llevará varias noches, no bastará con que te acuestes un día temprano.
- **Empieza a desacelerar antes**, no puedes llegar a última hora y parar en seco. El cerebro necesita siempre un proceso de calentamiento y de desaceleración.
- Es complicado **suprimir la tele y la tecnología dos horas antes...**, aunque deberíamos, pero sí podemos por lo menos evitarlos en la cama.
- **¿Para qué te levantas?**, tienes que encontrar el motivo, lo que le da sentido. ¿A quién ayuda tu trabajo, qué facilita en tu vida o en la vida de otros?
- **¿Qué es lo más atractivo al despertar**, el café, leer la prensa, la ducha relajante...? Empieza siempre por lo bueno.
- **Recuerda lo satisfactorio que es hacer las cosas sin prisa, con orden y con tiempo.** Remolonear en la cama y robar al tiempo diez minutos, que no son nada, es una fuente de estrés y de prisas después que te llevará cada mañana a recordar el rollo que supone no levantarse temprano: tener que correr.
- **No verbalices nada negativo**, agradece todo lo bueno que te pase este día.
- **Deja planificado la noche anterior todo lo que puedas**, la mesa del desayuno puesta, la merienda de los niños medio preparada, la ropa que te vas a poner...

¿POR QUÉ NO LO HAS HECHO HASTA AHORA?

Seguir insistiendo en un cambio, en un deseo, en evitar algo, no es lo más recomendable cuando llevas varios intentos y no lo has conseguido. Ojo, no es lo mismo ser perseverante que cabezota.

Es importante preguntarse: «¿Por qué no lo he conseguido hasta ahora?». Seguramente la pregunta te dará claves para conocer tus limitaciones, tus miedos o tus obstáculos. Si corriges estas barreras, en el siguiente intento igual te resulta mucho más sencillo.

LA PUNTUALIDAD ES UN SIGNO DE RESPETO Y EDUCACIÓN

La puntualidad es uno de mis valores. Me gustan las cosas bien hechas y a su hora. La puntualidad está relacionada con lo que entiendo por responsabilidad, orden, método y disciplina. No me gusta llegar tarde y no me importa esperar, por eso siempre llevo un libro conmigo. Ser puntual es un signo de respeto y delicadeza hacia el tiempo de la otra persona.

Lo cierto es que la mayoría de la gente a la que le cuesta llegar a la hora lleva mucho tiempo intentando ser puntual. Cuando una actividad empieza y termina a su hora, sientes orden, que todo fluye, incluso sientes paz.

Si eres de las personas que suelen llegar tarde, reflexiona sobre las consecuencias que eso ha tenido en tu vida. Conozco gente que no ha podido entrar en una función de teatro, personas a la que han dejado plantadas en un café, que han tenido continuos conflictos con su pareja, cansadas de tener que esperarles siempre, que se sienten mal porque saben que hace esperar a los demás, que han perdido un tren, un avión… ¿Qué consecuencias ha tenido para ti?

RELOJ Y ALARMAS

Llevar reloj de pulsera facilita estar en contacto real con el tiempo. Hemos dejado de utilizarlo en favor del móvil, pero ver la hora en el móvil requiere sacarlo del bolsillo o del bolso, no es tan fácil como girar la muñeca.

Si es habitual que te despistes, ponte alarmas. Las hay de todo tipo, desde las auditivas en el móvil hasta las notas visuales que puedas colocar en un lugar visible. Yo soy de apuntarlo todo: listas, frases, tareas, llamadas que quiero hacer, aniversarios, cumpleaños… Lo que no anoto, para mí no existe. Es una manera de despejar la mente para que pueda ocuparse de otras tareas.

Si eres impuntual, te recomiendo que te pongas las alarmas con unos diez minutos de margen, por lo menos hasta que consigas calcular y organizar el tiempo que requiere llegar a la hora.

Las alarmas sirven para iniciar y también para finalizar una actividad, por ejemplo, la hora de empezar y acabar una reunión. Quienes empiezan una tarea de forma impuntual suelen ser impuntuales también al cierre: «Ya que hemos empezado tarde, recuperemos el tiempo perdido», piensan, y con esta filosofía crean un cuello de botella que no se despeja en todo el día.

Y algo muy importante: levántate cuando suene el despertador. Sí, se está muy a gustito en la cama, pero puedes quedarte dormido. Y esa costumbre de estirar el tiempo no hace más que retrasarte.

CÓMO LEVANTARTE
A LA PRIMERA

1. Deja el despertador o el móvil fuera de la habitación, te obligará a levantarte sí o sí para apagar la alarma.

2. Busca un despertador que solo pueda apagarse una vez, sin capacidad de repetición.

3. Piensa si en lugar de la alarma no podrías despertarte con noticias de la radio. Quizá sea más agradable.

4. No pienses, actúa.

5. Pon música que te anime, ten preparado un pequeño altavoz al que conectar tu móvil y vístete a un ritmo divertido.

6. Elige la ropa que te vas a poner la noche anterior y, si es posible, déjala preparada en una silla.

7. Si duermes mal y te cuesta levantarte porque estás cansadísimo, prueba a practicar alguna técnica de relajación muscular por la noche.

8. Busca la manera de que haya luz al despertar, corriendo las cortinas, por ejemplo.

9. Acuéstate y trata de conciliar el sueño a una hora que te permita descansar lo que tu cuerpo y tu mente necesitan. No te quedes dormido en el sofá ni retrases la hora de acostarte.

10. Ten una rutina agradable por la mañana: hacerte un café nada más despertar, ponerte la música, darte una ducha caliente. Hazlo siempre en el mismo orden, empezando por lo que más gusto te dé.

HAZ PLANES POSIBLES

Uno de los principales obstáculos para cumplir con la agenda es llenarla demasiado.

- **Haz planes que sean factibles y no sobrecargues la agenda.** Tener muchas tareas no te vuelve más eficaz, sino más bien lo contrario, ya que al final del día te frustras por no haber llegado a todo.
- **Nos encanta ver largas listas de actividades, como si tener todo por escrito lo convirtiera en realidad.** Y tachar lo que hemos escrito en la lista nos gusta todavía más, pero no tachar o no poder llegar a todo nos frustra. Sobre todo, cuando ese «todo» es imposible.
- **Aprende a regularte y a escribir listas con planes posibles.** Una vez escrita, comprueba el tiempo que requiere cada actividad y los desplazamientos entre una y otra... ¿es abarcable?

SI ERES IMPUNTUAL, LLEGA ANTES

Querido impuntual, estarás pensando que te pido mucho. «No solo me pides que llegue a la hora, sino que llegue antes». Las personas que suelen llegar tarde infravaloran el tiempo que requiere organizarse para llegar a la hora. Siempre piensan que tardan menos en los desplazamientos, en arreglarse, en terminar una reunión, en elegir qué ponerse, en escribir algo pendiente, etc.

Empieza por educarte en llegar diez minutos antes hasta que consigas regular el tiempo y llegar a la hora.

¿EN QUÉ PIERDES EL TIEMPO?

Las personas impuntuales desconocen en muchas ocasiones en qué se les va el tiempo. «No sé cómo lo hago, trato de organizarme, pero nunca consigo llegar a tiempo», suelen decir. No tienen la idea de llegar tarde, les encantaría ser puntuales, pero les cuesta mucho. Uno de los motivos es que desconocen en qué se les va el tiempo.

¿Sabes en qué pierdes el tiempo? Conocerlo te ayudará a planificar mejor. Tal vez calculas genial el tiempo para llegar al sitio deseado, pero se te olvida contar con que tardas muchísimo en elegir qué ponerte.

DÉJATE DESCANSOS ENTRE ACTIVIDADES

Son suficientes tres minutos para desconectar de lo que cierras y prepararte mentalmente para la tarea que vas a empezar. Toda actividad tiene su proceso: calentamiento, máxima concentración y desatención. Si enlazas una con otra, te saltas estas fases y disminuye la concentración. Cierra y abre.

ELABORA UN PLAN

- Decídete por una acción.
- Ponle fecha de inicio y fecha de finalización.
- Rodéate de todo lo que necesitas, póntelo fácil.
- Anótalo en la agenda.
- No hay plan B, es ahora.
- Empieza por poco, por lo mínimo.
- Anota tus progresos y tus emociones.
- Repítelo hasta que se convierta en un hábito.
- Sé comprensivo, compasivo, tolerante y respetuoso con tus errores.

Hasta para disfrutar en la vida a veces necesitamos un plan. Porque si lo dejamos para «cuando me sobre… tiempo, dinero, ganas», nunca nos ponemos a ello.

PIDE PARA ORGANIZARTE MEJOR

Nos cuesta menos dar que pedir, y necesitamos pedir porque no nos bastamos por nosotros mismos, y porque el principio de ofrecer y pedir ayuda ha sido fundamental para nuestra supervivencia.

Solemos pensar que las personas que nos quieren deberían conocer nuestras necesidades, que no deberíamos pedir porque ellas deberían adivinar qué necesitamos, pero por mucho que te conozca una persona, adivinar qué necesitas es una función cognitiva a la que la humanidad todavía no ha llegado.

Sí, no sabemos adivinar, menos aún si tomamos en consideración la carga que todos tenemos encima con nuestra propia vida. ¡La cantidad de conflictos que nos ahorraríamos si en lugar de esperar a que adivinen nuestras necesidades fuéramos capaces de expresarlas!

No tengas vergüenza de pedir. La gente está deseando ayudar, solo que a veces no sabe cómo.

Cuando pides también corres el riesgo de que alguien te diga que no puede, que le viene mal, que es mal momento. Y no pasa nada.

¿Qué te gustaría atreverte a pedir?

Si te ayudaran en lo que necesitas, ¿te sentirías más aliviado?

VUELTA A LA RUTINA

Volver a la rutina forma parte del propio orden de la vida. No podemos evitarlo, pero sí buscar la manera más fácil y positiva de recuperarla.

- Sé agradecido. Has vuelto de vacaciones o de un descansito y eso ya es un privilegio, mucha gente no puede volver de vacaciones porque su situación no se lo permite.
- Vuelve con tiempo, uno o dos días antes; eso te permitirá ordenar la casa, empezar a planificar horarios, llenar la nevera...
- No verbalices de forma negativa tu vuelta al trabajo, eso evitará que tus hijos vean la vuelta al cole como algo horrible.
- ¿Qué proyectos tienes en mente?, una afición nueva, un taller de formación, algún proyecto en el trabajo...
- Prueba a seguir practicando lo que te apasiona: alguna afición para los fines de semana, seguir jugando en casa a las cartas, juegos de mesa, hacer deporte con los niños...
- Olvida las prisas, el mal humor, no anticipes que todo será estresante. El ritmo de tu vida, incluso en periodos de trabajo, lo marcas tú.

TIRA

Tirar ayuda a deshacerte de todo lo que vas acumulando pensando que algún día te puede ser útil. Guardamos ropa de tallas en las que no entramos, papeles inútiles, apuntes de cuando estudiábamos la carrera, cedés que ya no se pueden escuchar, objetos que nos regalaron y no nos gustan, electrodomésticos que hemos utilizado en una sola ocasión.

Cada vez que te deshaces de algo, liberas espacio y también emociones. A todos nos satisface tirar, regalar o donar, es catártico.

Ponte el objetivo de tirar una cosa al día. No te lo tomes como un objetivo tan extenuante como limpiar los armarios el fin de semana. No. Deshazte solo de un objeto diariamente, incluso puedes plantearte realizar esta tarea durante un mes. Si después del mes te sigue atrayendo la actividad, continúa con ella. Yo suelo hacerlo con bastante frecuencia. Un día regalo la chocolatera, otro día una camisa que no me gusta pero que me da pena desprenderme de ella porque no me costó barata, otro día tiro papeles… Todos los días tiro algo.

Una casa ordenada educa a los nuestros en el orden mental, espiritual y material. No se trata de tenerlo todo como los chorros del oro ni de ser un maniático de la limpieza, pero sí de tener una armonía que nos ayude a vivir con más paz interior, disfrutando de nuestro hogar y de nuestro entorno.

- **No cuentes con lo que no es tuyo.** Gran parte de la nómina o de las facturas que cobras al mes no es tuya, tienes que pagar la hipoteca, el material escolar, el seguro médico, etc. Cuanto antes apartes ese dinero, menos probabilidad tendrás de gastar lo que luego te hará falta.

- **¿Podrías renunciar a algo?** Si eres de los que no puede apartar nada de sus ingresos, ¿podrías renunciar a algo? ¿Al tabaco? ¿Podrías salir a correr por el parque en lugar de pagar un gimnasio? ¿Comprar en el mercado de abastos una vez a la semana, en lugar de adquirir comida procesada, que es mucho más cara y menos saludable...?

- **Aparta algo cada mes.** Ten una cuenta paralela de ahorro o una hucha en casa en la que metas parte de lo que ingresas. Trata de que sea intocable.

- **No te entrampes con bodas, vacaciones, comuniones, etc.** Aprende a vivir con menos y de acuerdo con tus ingresos. Sinceramente, la felicidad no está en invitar a cuatrocientas personas a la comunión de la niña ni en regalarle una tableta.

- **Paga tus deudas.** Como dice Talane Miedaner en su libro *Coaching para el éxito*, las deudas nos conducen a endeudarnos cada vez más. Trata de refinanciar y agrupar tus deudas y de vivir durante un tiempo de tal manera que te permita sanear tu economía.

- **Crea una reserva de dinero.** Intenta apartar un porcentaje de tu salario durante un tiempo, hasta que tengas una reserva de unos seis meses que te permita vivir sin trabajar.

ENTORNO MINIMALISTA

¿Cuántos distractores tienes a tu alrededor? Móvil, tableta, televisión, radio, personas, pensamientos, fotos del verano, la foto enmarcada de tus hijos...

Nos encanta decorar nuestro entorno para que sea muy acogedor, y eso es genial si favorece la concentración, pero trata de quitar los distractores que tengas a la vista durante el rato que necesites estar concentrado.

Tú sabes qué te concentra y qué te distrae. A algunas personas la música les ayuda a concentrarse, mientras que a otras las distrae. Solo tú puedes ser sincero contigo mismo y decidir qué debes apartar de tu entorno mientras estudias o trabajas, o cuando tratas de disfrutar. No es lo mismo ver una serie con todos los sentidos puestos en ella, que verla mientras contestas a tus correos del trabajo.

A VECES ES RECOMENDABLE TIRAR LA TOALLA

Las estadísticas dicen que solo un 12 % más o menos de la población alcanza las metas que se plantea al iniciar el año. ¿Debemos seguir insistiendo en ellas o podemos tirar la toalla en algún momento?

¿Cuándo tirar la toalla?

- Cuando tus metas van en contra de tus valores, o cuando sientes que no te compensan.
- Cuando el objetivo no te motiva y estás sufriendo. A veces arrastramos durante años antiguos objetivos solo porque año tras año no los alcanzamos. Si este es tu caso, pregúntate: ¿Siguen teniendo un para qué en tu vida?
- Cuando su nivel de dificultad, de demanda de tiempo, de exigencia, te supera en este momento.
- Cuando encuentras un objetivo mejor en el que invertir tu esfuerzo o tu energía.
- Cuando estás forzando las cosas sabiendo que es un objetivo imposible, pero, aun así, sigues insistiendo, como cuando mantenemos relaciones de pareja que sabemos que están rotas o que no funcionan ni van a funcionar nunca.

2. Autocuidado

El autocuidado es la manera de cuidar tu salud física y tu bienestar emocional. Al nacer, nuestro cuidado depende de otras personas que nos dan alimento, cobijo, el calor de un hogar, educación, amor, seguridad...

Hacernos adultos y madurar implica responsabilizarnos de pagar una hipoteca, elegir una profesión, escoger con quiénes deseamos relacionarnos, el lugar donde vivir, decidir tener o no tener mascota, tomar otras muchas decisiones y también cuidar de nosotros mismos.

No podemos dejar en manos de terceras personas nuestra salud emocional y física, ni el placer de disfrutar de la vida. No son los demás los que tienen que cuidar de nosotros. Cuidarnos unos a otros es maravilloso, pero tenemos que saber hacerlo por nosotros mismos. Cuidarnos no solo es comer bien, es atender a nuestras emociones, nuestro descanso y nuestro bienestar general.

En este apartado te doy algunas ideas para que aprendas a dedicarte tiempo, atención y mucho amor.

CAMBIA DE CREENCIAS

El primer paso para empezar a cuidarnos es cambiar nuestras creencias. Es importante educarnos, convencernos y empezar a practicar las siguientes ideas:

- Tenemos derecho a tener tiempo para nosotros.
- Tenemos derecho a cuidarnos por dentro y por fuera.
- Nuestra familia y nuestro trabajo son parte de nuestras prioridades, pero nosotros también lo somos.
- Cuidarnos forma parte de la cadena de cuidar a otros.
- Cuidarnos nos proporciona seguridad, confianza y mejora nuestro estado de ánimo.
- Cuidar nuestro cuerpo y nuestra mente es un signo de respeto hacia nosotros mismos.
- Cuidarnos también es un ejemplo para que, en un futuro, nuestras hijas e hijos sepan que merecen dedicarse tiempo y cariño.

RUTINA DE BELLEZA

Una rutina de belleza es un momento exclusivo contigo, seas hombre o mujer. Muchas mujeres, más que hombres, se quejan de que no disponen de tiempo para ellas, pero una rutina de belleza no requiere mucho tiempo, solo un poquito de orden y organización. Incluso puede ser un acto de meditación.

La rutina de belleza puede ser tan extensa y variada como tú quieras. Arreglarte las uñas, cuidarte la cara, maquillarte, arreglarte, darte una ducha tranquila y relajada, un masaje facial o incluso, cada cierto tiempo, ir a que te den un masaje o disfrutar de un spa.

Y no solo es importante la actividad que realizas, sino cómo la «decoras»: música relajante, unas velas, cerrar la puerta del baño para que no te interrumpan.

DESPEJA LOS ARMARIOS

¿Cuánto tiempo llevan colgados esos vaqueros en tu armario a la espera de que vuelvas al peso que tenías hace diez años? ¿Y qué me dices de esos jerséis que ocupan espacio y que no donas «por si acaso» te gustan otra vez o te vuelven a quedar bien?

El armario está lleno de ropa que te queda pequeña, estrecha, que ha pasado de moda pero que te costó un dineral, que no te favorece porque fue una compra impulsiva pero equivocada y, aun así, te da lástima desprenderte de ella. Esa ropa ocupa espacio y, al abrir el armario para elegir qué vas a ponerte, está tan lleno que tienes que darle veinte vueltas, porque, mires por donde mires, no ves con claridad qué te favorece o te apetece ponerte. Eso también afecta a tu autoestima y a tu estado de ánimo.

Te animo a desprenderte, a donar todo aquello que llevas más de tres años sin ponerte, salvo que sea algo especial y ocasional, como un vestido de fiesta. Deja espacio libre. Mereces tener ropa que te guste, que te siente bien, que te apetezca vestir.

A veces no te compras nada nuevo porque tienes el armario lleno, pero ¿lleno de qué?, de lo que no utilizas. Date este capricho, adecenta tu armario y apúntate al plan renove.

PERMÍTETE UN BUEN PROFESIONAL

Si alguno de los estilos de vida que quieres cambiar tiene que ver con un área en la que puedas contratar un profesional, date el gustazo. Cuidar de tu salud, de tu físico, de tus emociones es una de las mejores formas de autocuidado.

Contrata a un preparador físico que te personalice un programa de actividad física, ve a un psicólogo por el placer de compartir, llorar o ver desde otra perspectiva, acude a la consulta de un nutricionista que te facilite información sobre alimentación saludable, un economista que te haga bien la declaración de la renta, un decorador de interiores que te diga cómo dar más luz a ese rincón de tu casa que no te gusta.

No lo contrates todo a la vez, podría ser la ruina. Pero, bromas aparte, mereces tener un asesoramiento que te ayude a disfrutar de una vida más bonita y con más significado para ti. Contratar los servicios de alguien no te obliga a acudir a él cada semana; puede ser algo puntual o, por ejemplo, acudir a esa persona una vez al mes.

LLEVA AL DÍA TU SALUD FÍSICA Y MENTAL

Solemos descuidar la prevención de la salud cuando nos encontramos bien. Pero la base de una buena salud y para alejar enfermedades futuras es la prevención.

Busca tiempo para ti. Solemos priorizar las visitas de los niños al ortodoncista o la de los adolescentes al dermatólogo, acompañamos a los mayores a sus chequeos y nos olvidamos de nosotros.

Hazte los chequeos que necesitas dependiendo de la edad: una prueba de esfuerzo si haces ejercicio, una analítica de rutina, las visitas anuales al ginecólogo o, si eres hombre, al urólogo…

No te dejes para luego.

DEJA DE RESPONSABILIZARTE DE LAS EMOCIONES DE OTROS

Es agotador sentirte responsable de las emociones de otra persona. Trata de no cargar en tu mochila con lo que no te corresponde.

Soledad, miedos, dependencia emocional, envidia profesional o personal, relaciones insanas, pobreza en la gestión emocional, inmadurez… pueden ser los motivos por los que amigos, pareja, hijos, padres o compañeros de trabajo te hagan sentir responsable de que no sean felices, de que no disfruten o de que no tengan una vida como la tuya.

El chantaje emocional hace que nos sintamos egoístas y culpables. Nos lleva a cuestionarnos si somos buenas personas, si lo estamos dando todo.

Lo que los demás sientan no suele ser responsabilidad tuya. Puedes escuchar, pero no puedes salvar a todo el mundo ni sentirte mal por tener una vida de la que te sientes satisfecha.

ESCUCHA LAS SEÑALES

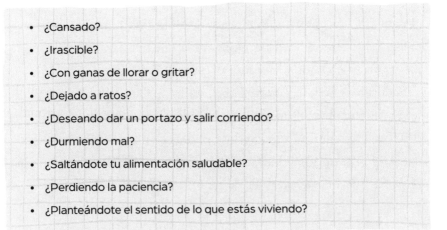

- ¿Cansado?
- ¿Irascible?
- ¿Con ganas de llorar o gritar?
- ¿Dejado a ratos?
- ¿Deseando dar un portazo y salir corriendo?
- ¿Durmiendo mal?
- ¿Saltándote tu alimentación saludable?
- ¿Perdiendo la paciencia?
- ¿Planteándote el sentido de lo que estás viviendo?

Todo esto son señales, un claro indicio de que algo no funciona bien, y a menudo las atendemos demasiado tarde. Tarde significa tener que coger una baja, cometer un error grave, fracasar en una parte importante de tu vida como es la relación con los hijos o con la pareja, engordar veinte kilos, que te duela todo o no poder parar de llorar.

Aprende a escuchar lo que dice tu cuerpo y lo que dicen tus emociones. Te están hablando. Toma decisiones, baja el ritmo, di «no», delega, renuncia.

TEN ORGASMOS, CONTIGO O CON QUIEN QUIERAS

Tener orgasmos estimula nuestro sistema inmunológico, reduce el estrés, genera endorfinas y oxitocina que ayudan a dormir mejor, reducen el dolor y mejoran el estado de ánimo.

Científicos de la Universidad McGill, de Canadá, encontraron una relación entre el orgasmo y la memoria; al estimularse el hipocampo, disminuye el riesgo de padecer enfermedades coronarias, y el orgasmo se relaciona con el rejuvenecimiento. Incluso la piel está más bonita después de tener un orgasmo.

CONOCE TUS NECESIDADES

Reconocer y acoger lo que sientes no te obliga a satisfacerlo, pero te ayuda a saber estar contigo.

Es sanador reconocer tus necesidades, saber cuáles son y que están ahí. Aunque en ese momento de tu día o de tu vida no puedas darles solución ni dedicarles tiempo. Si no te escuchas, evitas y reprimes tus emociones.

No nos escuchamos básicamente por tres motivos.

1) Porque en ese momento no podemos hacer nada y preferimos evitar la situación.

2) Porque nos pone ante un conflicto ético o moral, por ejemplo, reconocer que necesito tiempo para mí, para darme un baño relajante, pero eso implicaría no estar con mis hijos durante la cena. Solo el hecho de sentarte un minuto, aceptar que necesitas ese tiempo para ti, aunque luego decidas estar presente en la cena, hará que, al reconocerte y validar tu necesidad, te sientas mejor.

3) Porque eso de escucharnos nos parece una pérdida de tiempo: «Sí, hombre, con lo que tengo yo encima, solo me faltaba tener que perder el tiempo escuchándome». Hacer, hacer, hacer... en lugar de estar.

Hoy trata solo de escucharte y reconocer lo que necesitas. Es sanador conocerse mejor, aun cuando no tengas que cambiar nada.

RODÉATE DE PERSONAS QUE SUMAN

Si deseas rodearte de personas que sumen, hazte estas preguntas:

- ¿Te dedican tiempo?
- ¿Se alegran de tus éxitos?
- ¿Hablan en positivo?
- ¿Te ofrecen ayuda?
- ¿Comparten tus valores?
- ¿Son agradecidas?
- ¿Cómo hablan de otras personas?
- ¿Son discretas?

EN LUGAR DE IMPONERTE
O EXIGIRTE, MODIFICA

En lugar de exigir e imponer, modifica tus hábitos. Es más sencillo cambiar que eliminar. Psicológicamente no es lo mismo ponerse a dieta que modificar hábitos alimenticios. La segunda opción suena bastante más atractiva y más sencilla. Así que en lugar de pensar todo lo que tienes que abandonar, piensa solo en qué vas a hacer para sustituir y rellenar ese espacio.

Mira estos ejemplos:

- No te pongas a dieta, incluye más fruta, verduras y hortalizas frescas en tus comidas diarias.
- No te prohíbas los refrescos cargados de calorías, bebe más agua.
- Sustituye media hora de tele todos los días por media hora de un buen libro.
- Baja del tranvía o del bus una parada antes y camina.
- Sustituye media hora de tele por media hora de paseo.
- Deja de ver un programa que no te aporta nada y empieza a ver una serie en versión original.
- Cambia el hábito de ver la tele en la cama por el de hacer el amor.

¿Qué otros ejemplos se te ocurren?

CARTA DE DESPEDIDA

Para cuidarte, tan importante es saber qué deseas como qué quieres dejar atrás. ¿De qué te quieres despedir de ti?

Fantasea con aquello que quieres cambiar, entrenar o incorporar, y con conocer aquello de lo que deseas desprenderte. Te animo a hacer este ejercicio de reflexión, te ayudará a conectar más con la parte de ti que desea seguir creciendo.

Se trata de escribir una declaración de divorcio con aquello que te resta de ti.

Dedica unos minutos del fin de semana a planificar aquello de lo que vas a cuidar esta semana. Elige algo que para ti sea importante, ilusionante o una necesidad.

Esta semana voy a cuidar y mimar…

- **Lunes** – Cuidaré mi curiosidad. Voy a leer un artículo pendiente o a ver un documental nuevo sobre meditación.
- **Martes** – Toca cuidar mi piel. Dedicaré tiempo a exfoliarme, ponerme cremita, quizá hasta una mascarilla.
- **Miércoles** – Cuidaré en especial a una amiga. Buscaré un momento para llamarla sin prisa y le preguntaré cómo va su proceso de separación.
- **Jueves** – A mitad de semana toca cuidar la cena. Una cena bonita, con velas, con tiempo, cocinando por y para mí.
- **Viernes** – La esperanza. ¿Y si cuido de mi esperanza? Escribiré todo aquello que ocurre alrededor que me da esperanza. Un nuevo proyecto, una revisión médica, planificar unas vacaciones...
- **Sábado** – Toca cuidar mis intereses culturales. ¿Una obra de teatro, una nueva película, comprar un libro, una visita virtual y guiada a un museo?
- **Domingo** – Cuidaré mis aficiones. Pasear sin prisa, cocinar despacio, hartarme de mi serie, leer sin mirar el reloj, jugar al pádel...

DEDÍCATE UN MOMENTO DE CALIDAD DIARIO

El día tiene veinticuatro horas. Pasas unas cuantas durmiendo, pero del resto, por lo menos dieciséis horas, ¿no te quedan unos minutos de calidad para ti? Creo que si te lo propones por la mañana lo puedes conseguir.

Anota cada día cuál va a ser tu momento de calidad.

- Entrar en una tienda bonita para ver las vajillas, los complementos, zapatos, ropa, maquillaje, cuadros, discos de vinilo...
- Hacerte un pequeño masaje en la cabeza.
- Comprar flores frescas para decorar tu despacho o tu casa.
- Tomar un café en una terraza al solecito.
- Entretenerte viendo recetas en internet.
- Mirar posibles destinos de vacaciones.
- Llamar a alguien que te saque una sonrisa.
- Darte un baño caliente relajante.
- Escribir...

¿Qué más se te ocurre a ti?

PIDE AYUDA

- **No, no puedes solo con todo.** No sientas vergüenza ni pienses que dejarte ayudar es aprovecharte de los demás.

- **Aceptar ayuda es un rasgo de humildad.** Las personas altivas, que creen saberlo todo, son incapaces de pedir ayuda.

- **Sé agradecido con la ayuda.** Puede que la ayuda que te estén ofreciendo no te resuelva nada, aun así, la intención de quien la ofrece es aliviar tu situación. Agradece la ayuda, pero no te sientas obligado a aceptarla.

ACTIVIDADES SENCILLAS PARA TU AUTOCUIDADO

Dedicarte tiempo y ser amable contigo no requiere toda una tarde ni ser muy creativo. Te propongo cinco actividades que implican atención plena y amabilidad hacia ti mismo.

- Desayunar tranquilamente. Cuida los alimentos que tomas porque tu cuerpo y tu mente merecen que los cuides. Cuida también cómo desayunas: sentado, con una mesa decorada como para invitados, con música o las noticias de fondo. Rodéate durante esos minutos de lo que te hace sentir bien.

- Mírate en el espejo cuando te arregles y disfruta de lo que ves, en lugar de criticar lo que te desagrada. Nadie es perfecto. Todos tenemos cosas que no nos gustan, y a esas les prestamos más atención. Olvida tu pelo encrespado o la arruga de más y fíjate en esa sonrisa sincera, en los dientes que cuidas cada día o en cómo te sienta hoy el color de ropa que has elegido.

- Date diez minutos en el trabajo para organizar tu día antes de ponerte a tope con toda la agenda. Respira, disfruta, pon orden, hazte notas o un esquema.

- En el descanso del café puedes sentarte diez minutos al sol, si tu lugar de trabajo lo permite, solo para escuchar el silencio, para ver a la gente pasar, para conectar contigo. O, simplemente, para no hacer nada.

- Date una ducha más larga de lo normal notando el agua, el olor del jabón, lo bien que te sienta relajarte y verbalizando que eso es lo que mereces.

LAS CARICIAS

Dicen algunos estudios que las parejas que se abrazan más tienden a permanecer más tiempo juntos. Las caricias liberan feromonas y endorfinas. Acariciar animales es otro generador de dopamina; basta con treinta minutos de interacción.

GIMNASIA PARA RETRASAR EL DECLIVE NEURONAL

- **No al cerebro multitarea.** Dedícate a hacer una cosa, no dos o tres a la vez.
- **Practica el NEUROBIC.** Según su autor, Katz, se trata de realizar las labores cotidianas de manera distinta. Vestirse con los ojos cerrados, comer, peinarse, cepillarse los dientes con la mano no dominante, cocinar con guantes, ducharse con los ojos cerrados...
- **Descansa.** El sueño reparador mantiene tu estado anímico en forma y protege la memoria.
- **Aliméntate de forma saludable.**
- **Practica ejercicio.** Favorece la estimulación de las neurotrofinas, las endorfinas y la neurogénesis. Las neurotrofinas hacen que aumente el número de las neuronas del hipocampo, una estructura relacionada con la memoria.
- **Realiza actividades mentales.** Hay multitud de ellas: cálculo, crucigramas, sopa de letras, aprender de memoria un poema o diez palabras distintas de otro idioma a diario o una frase célebre, deletrea hacia atrás, haz rimas...
- **Relaciónate con otras personas.** Habla con el taxista, con el panadero, con quien está esperando el bus en la parada... Sal con una silla al tranco de la puerta a charlar con la vecina, como se hacía antes.
- **Practica yoga, meditación, visualiza.** Un estudio del Instituto Karolinska de Estocolmo dice que las dosis excesivas de tensión pueden relacionarse con la demencia.
- **Carcajéate.** La carcajada reactiva las conexiones neuronales y produce un nivel de bienestar que favorece el aprendizaje.

UNA VIDA SALUDABLE SE NUTRE DE DECISIONES ACERTADAS

Cada elección y cada decisión que tomamos condiciona los siguientes pasos, las siguientes acciones y nuestro futuro. Cuidar y respetar nuestro cuerpo y nuestra mente también significa hacer elecciones y tomar decisiones que nos protejan de lo que no nos conviene y lo prevengan.

Muchas decisiones relacionadas con la vida saludable pertenecen al mundo de los hábitos y no requieren de una profunda reflexión. Por eso a menudo seguimos cometiendo los mismos errores, porque simplemente nos dejamos llevar por lo que nos sale sin pensar.

¿A qué deberías prestarle atención?

- Carro de la compra.
- Organizar la agenda para poder hacer ejercicio.
- Piensa antes de actuar, las consecuencias de tus actos son importantes.
- El cansancio no ayuda a tomar buenas decisiones.

COME AMABLE, COME SENTADO, COME BONITO

COME AMABLE

Mantén una relación amable con la comida. Ejemplos de relación amable con la comida pueden ser:

- No coger croquetas de la bandeja como si no hubiera un mañana.
- Dejarte lo que tienes en el plato si no tienes más hambre.
- Depositar los cubiertos sobre el plato mientras masticas, así no tendrás el siguiente bocado preparado como si fueras a perder el turno.

COME SENTADO

La prisa nos lleva muchas veces a comer de pie y directamente desde el táper en lugar de usar un plato. No estás en la época de las cavernas. Siéntate, pon la comida en un plato, respira antes de empezar y tómate quince minutos para disfrutar de la comida. Solo quince minutos, pero quince minutos tranquilos.

COME BONITO

Pon la mesa como si vinieran invitados a casa; hoy día venden gran variedad de platos y copas bonitos a muy buen precio. Cuando cuidas la decoración de la mesa, tu relación con la comida cambia automáticamente: apetece disfrutar del momento, como cuando te sientas a comer en un restaurante bonito.

ÉCHATE UNA SIESTA

Una siesta de veinte minutos es un auténtico lujo para tu salud mental y física. Si teletrabajas o comes en casa y tienes la posibilidad de echarte unos minutos antes de retomar la actividad laboral, tu cuerpo y tu mente te lo agradecerán.

Y el fin de semana disfruta de tu rato en el sillón, tu manta, tu no hacer nada. Es reparador. Tu cerebro necesita no hacer nada; durante un tiempo solo quiere no tener que estar atento, activo, concentrado, tomando decisiones. No lo interpretes como una pérdida de tiempo, estás invirtiendo en salud mental.

Varios estudios han demostrado que la siesta mejora las funciones cognitivas de las personas adultas, la fluidez verbal y la memoria.

NO HAGAS NADA

¿Eres de las personas que a los diez minutos de sentarse a descansar en el sillón están incómodas porque sienten que están perdiendo el tiempo? Pues resulta que en lugar de perder el tiempo estás ganando salud, porque no hacer nada tiene muchos beneficios, incluso despierta el cerebro creativo.

Estamos hiperconectados, hiperestimulados, hiperinformados. El hecho de no hacer nada permite que nuestro cuerpo y nuestra mente puedan relajarse, desconectar de todo y conectar con nosotros mismos. Aunque te parezca una pérdida de tiempo, date un rato para no hacer nada, ni siquiera para planificar qué harás cuando dejes de «hacer nada».

HAZ EJERCICIO

El ejercicio físico tiene beneficios a cualquier edad. A nivel psicológico, el ejercicio:

- **Mejora la conectividad de tu cerebro.** Los estudios demuestran que el ejercicio físico continuado favorece la neurogénesis (la creación de nuevas neuronas a partir de células madre) y que ayuda a que las conexiones neuronales tengan más ramificaciones, lo que previene el envejecimiento del cerebro.
- **Mejora tu aspecto físico y con ello tu autoestima.** Sentirte fuerte hace que tengas mayor seguridad y un mejor autoconcepto.
- **Ayuda a mantener el peso.** El ejercicio es una forma sana de tener el metabolismo activo y compensar los cambios que se producen con la edad y esto mejora la imagen que tienes de ti mismo..
- **Favorece el cambio de hábitos sedentarios por hábitos saludables.** La persona que empieza a entrenar, no solo practica una actividad sana, sino que se quita una hora sedentaria que pasaba delante de la tele.
- **Permite relacionarte con otras personas, hablar con ellas, compartir y sentirte parte de un equipo.** Puedes asistir a clases guiadas, salir a correr, hacer senderismo, jugar al pádel.
- **Mejora tu estado anímico mediante la liberación de neurotransmisores responsables del bienestar y la felicidad.** Se ha demostrado que existe una relación entre lo fuerte que se encuentra nuestro sistema inmune y nuestro estado anímico.
- **Disminuye la sensación de cansancio y fatiga.** Las personas activas tienen más energía, fuerza y vitalidad.

COREGASMO, UN MOTIVO MÁS PARA APUNTARTE AL GIMNASIO

Quizá no estás familiarizada con esta palabra, pero puede que te hayas visto en ella. «Coregasmo» es el orgasmo que pueden sentir algunas mujeres en el gimnasio. A ver, no me malinterpretes, no se trata de tener sexo en el gimnasio. Es el resultado de la práctica de ejercicio físico centrado en el *core*, como la práctica de algunos ejercicios de fuerza. También puedes vivirlo corriendo o practicando yoga. Y solo les ocurre a las mujeres. Disponemos de datos científicos sobre ello publicados en la revista *Sexual and Relationship Therapy* en 2011, fruto de una investigación de la Universidad de Indiana.

Asociamos el orgasmo con la expresión culmen de la práctica sexual, pero puede que no esté tan sexualizado como imaginábamos y llegue a alcanzarse sin amor romántico, sin estimulación sexual, sin deseo…, solo con la práctica de una serie de ejercicios físicos.

Las mujeres que lo han experimentado dicen que no tiene la misma intensidad que un orgasmo durante la práctica sexual, pero que es muy muy placentero. Muchas de ellas manifiestan haberse sentido gratamente sorprendidas mientras levantaban pesas o hacían ejercicios abdominales. Describen la sensación como el inicio de unas contracciones que aumentaban en intensidad a medida que repetían ejercicios como los indicados para los glúteos o el trabajo abdominal.

RESPETA TU CUERPO

¿Te beberías un vaso de lejía? No, porque es veneno para ti. Pues la mayoría de los alimentos que consumes por pura glotonería, por gula o por calmar emociones como la ansiedad o la pena, no son saludables para tu cuerpo. A nadie le da por tomarse un plato de verduras a la plancha cuando tiene ansiedad, lo que hace es ingerir procesados cargados de sal y azúcar, como las galletas o las patatillas.

Respeta tu cuerpo y dale alimentos que lo cuiden. Déjate fruta cortada en la nevera, hazte humus, ten a mano algo para cuando te apetezca picotear, dulce o salado, pero saludable.

VENTAJAS DE CAMINAR

Caminar es un auténtico lujo para nuestra salud física y mental. Afecta positivamente a la calidad de sueño y a la capacidad de aprendizaje, reduce los síntomas de la ansiedad y nos ayuda a pensar mejor, a tener mejores ideas...

He aquí algunas de las ventajas de caminar:

- Permite pensar en aquello para lo que no solemos tener tiempo.
- Ayuda a entrenar la atención plena.
- Puedes aprovechar también para ponerte al día, escuchando un *podcast*, por ejemplo.
- Puedes meditar a la vez que caminas, con los ojos abiertos, por favor.
- Permite visualizar cómo vas a enfrentarte a tu día.
- ¿Sabías que durante un paseo pueden surgir los famosos momentos *eureka*?

PARA DORMIR MEJOR...

El buen descanso y el sueño reparador contribuyen de un modo fundamental en la buena salud mental y física.

Para dormir mejor:

- **Ten una libretita en la mesilla de noche en la que antes de acostarte puedas apuntar todo lo que te preocupa o lo que no deseas olvidar.** Hazlo de forma breve. Así tu cerebro sabrá que puede «despreocuparse» de esos temas, ya que a la mañana siguiente seguirán ahí escritos.
- **Medita, practica la relajación muscular, agradece, respira, reza...,** utiliza la actividad que tú decidas para desconectar y relajarte antes de dormir. Puedes practicar cualquiera de ellas ya metido en la cama.
- **Ten una misma rutina cada noche.** Trata de realizar las mismas actividades en horas parecidas siempre en el mismo orden, así tu cerebro podrá prepararse para el momento de dormir y te ayudará a conciliar el sueño.
- **Vive conforme a tus valores.** No hay nada que nos quite más el sueño que la mala conciencia.

RUTINAS QUE NOS RELAJAN DURANTE LA COMIDA

La comida o la cena en familia puede ser un momento de conexión de todos sus miembros, de diversión, de enriquecimiento… o todo lo contrario.

- Tratad de que haya una comida al día en la que toda la familia coincida.
- Hablad, participad. Parece una obviedad, pero no lo es.
- Interesaos por los demás. ¿Cómo te ha ido hoy el trabajo?, ¿Ha pasado algo interesante en el colegio? A todos nos ocurren muchas cosas durante el día, solo tenéis que observar e interesaros por ellas.
- Desconectad de la tecnología, nos aleja de quienes tenemos a treinta centímetros.
- Aparcad las prisas. La prisa nos lleva a no esperar a los demás, a dejar de ser amables con el propio acto de comer: despacio, saboreando, compartiendo, ofreciendo la última loncha de jamón.
- Agradeced los alimentos y al cocinero que los ha preparado.
- Proponeos tener una comida amigable. Las tensiones familiares se pueden resolver en otro momento. No utilicéis el momento en que os sentáis a la mesa para resolver conflictos.

CANJEA HÁBITOS

La Odyssey House, un centro de Nueva York dedicado a la drogadicción, lleva muchos años trabajando con el programa Run for Life. Allí preparan a personas drogodependientes para correr. Empiezan con entrenamientos suaves y cortos por Central Park, a fin de terminar corriendo la maratón de la ciudad. El placer de correr ayuda a sustituir el que da consumir drogas. Pero no solo eso, también aumenta la autoestima, reduce los síntomas de la dependencia de la droga, libera la ansiedad, mejora la forma y proporciona un sinfín de ventajas más.

1. Define de qué deseas liberarte, escribe tu objetivo.

2. Piensa qué te aporta aquello de lo que deseas liberarte, qué emoción está asociada a ello, qué consecuencias tiene para ti, ya que este es el motivo por el que mantienes un hábito poco saludable y necesitas sustituirlo por otro que te produzca emociones similares.

3. La actividad sustitutiva puede ser el ejercicio, pero también la meditación, dar largos paseos. Lo que tú desees estará bien.

4. Organiza tu agenda para introducir este nuevo hábito, hazle un hueco.

5. Empieza despacio, no quieras darlo todo el primer día.

6. Déjate aconsejar por un profesional, busca un preparador físico que te indique qué ejercicios te convienen y cómo hacerlos.

7. Busca compañía, el deporte compartido es más animado.

8. Si llevas tiempo sin hacer ejercicio, deberías hacerte un chequeo médico para conocer cuál es tu estado de salud.

ROMPE LOS HÁBITOS QUE TE PERJUDICAN

Cuando rompes la cadena de tus hábitos, es decir, cuando cambias el orden en el que ejecutas una rutina, todo el proceso cambia automáticamente. Muchos de nuestros malos hábitos existen porque forman parte de una cadena de movimientos que realizamos uno detrás de otro sin pensar, y cuando queremos darnos cuenta, ya hemos caído en algo que nos perjudica.

Las ganas de comer chocolate por la noche, por ejemplo. En lugar de sentarte en el sofá después de cenar, que automáticamente lleva a tu mente a fantasear con esa onza de chocolate, trata de romper este hábito. Es tan fácil como pasar por el lavabo, lavarte los dientes y luego sentarte en el sillón. Solo con eso ya has hecho algo distinto dentro de esa cadena de actividades. Los pasos siguientes, que te llevaban a comer el chocolate, también se modificarán al haber introducido un elemento nuevo.

Piensa en tu cadena de rutinas relacionadas con un hábito que deseas eliminar y elige dónde introducir un orden distinto, una actividad distinta.

CUIDA TUS NEURONAS

La causa de la mayoría de los casos de demencia neurodegenerativa es una mezcla de la acción e interacción de diversos factores genéticos (60 %) y ambientales (40 %) que actúan como precipitantes, tales como la falta de actividad física. Cuanto antes adoptes hábitos saludables, más protegido estará tu cerebro.

Lo que protege:

- El ejercicio.
- La lectura.
- Dormir y descansar.
- Seguir aprendiendo, estudiar.
- Ejercitarnos a nivel cognitivo: cálculo, crucigramas, escribir, relacionar...
- Pensar de forma creativa.
- La curiosidad, que es distinto que el cotilleo.
- Hablar, relacionarse con gente.

Lo que envejece:

- La vida sedentaria.
- La tensión alta.
- El azúcar.
- El tabaco.
- El alcohol.
- Permanecer en la zona de confort.

CAMBIA DE RUTINA

Modificar tu rutina es clave para establecer nuevos hábitos. Te propongo que leas el siguiente ejemplo:

«Sales del trabajo enfadada, durante el trayecto en metro vas maldiciendo por todo lo que te ha pasado. Pasas por delante de la panadería de tu calle y el olor de los bollos te atrapa, te hace sentir feliz. Así que, pese a que desde el principio de la calle te estás diciendo que no debes comer bollería, entras, compras, subes a tu casa y te desinflas en el salón. Pones la serie que estás viendo y te comes todo lo que has comprado. El bienestar te dura lo que el capítulo que has visto, y acto seguido empiezas con los reproches, con la culpa, y el día termina sin haber recogido la casa, sin una cena saludable, sin haber ido al gimnasio y trasnochando. Vamos, que eres un desastre».

Hay varios momentos en la secuencia anterior en los que puedes modificar cosas para seguir una rutina distinta: leer para no pensar más en el trabajo, ordenar fotos en el móvil o jugar a algo para cambiar tu estado de ánimo durante el trayecto en metro, bajarte una parada antes y caminar media horita, cambiar la ruta de camino a casa para entrar por el otro extremo de la calle y no pasar por delante de la panadería, entrar en casa y darte una ducha o ponerte directamente la ropa de deporte en lugar de encender el televisor, etc.

¿Qué cambios podrías introducir tú que interfirieran en la conducta de picar?

CUMPLIR AÑOS...
EL MEJOR DE LOS HÁBITOS

Disfruta de la serenidad que lleva cumplir años. Las mujeres encuentran su plenitud entre los cuarenta y los cincuenta. Han superado con éxito varias etapas: la maternidad, la consolidación profesional, la independencia económica, y muchas de ellas han descubierto que no se trata de vivir a la sombra de un hombre, sino que pueden ser las protagonistas de su propia vida.

A partir de la edad adulta podemos recoger los frutos de todo el tiempo, amor y esfuerzo invertidos. Podemos dedicarnos más a nosotras mismas, al gimnasio, las amigas, a consolidar las relaciones personales y disfrutar sin prisa.

Tenemos tiempo para nosotras y eso ahora es innegociable. Ya no hay presión por seguir escalando a nivel profesional o por ir corriendo a casa para dar la cena a los niños. Tenemos tiempo y el tiempo es vida. ¡Es genial disponer de vida propia!

PRACTICA EL *MINDFUL EATING*

Ten un anclaje que te ayude a estar relajado mientras comes (velas, música...).

Come como si cataras.

Deja los cubiertos en el plato mientras masticas.

Sé amable a la hora de comer, no zampes.

Vive en el aquí y el ahora.

Come despacio.

Come sentado.

Come bonito.

Mereces cuidarte, mereces alimentos de buena calidad, frescos y saludables.

Agradece el acto de comer.

DEDICA MÁS TIEMPO AL JUEGO

Jugar tiene muchos beneficios a todas las edades:

- **Fomenta la creatividad.** Cuando modificamos la manera de abordar un problema, también cambiamos el tipo de soluciones que le damos. Si tratamos de buscar soluciones a una situación como si fuera un reto, un misterio, o como si fuéramos personajes de una película, seguro que se nos ocurren ideas nuevas y diferentes.

- **Produce endorfinas y dopamina.** Son neurohormonas y neurotransmisores de la felicidad, y nos enganchan. Jugar nos hace sentir bien, divertidos y felices.

- **Nos relaja al inhibir la respuesta de ansiedad y estrés.** El estrés nos bloquea e impide que pensemos con claridad.

- **Rejuvenece la mente.** Si eres una persona jubilada, deberías estar todo el día jugando: a los solitarios, a juegos de palabras, a juegos de estrategia, hacer puzles, todo lo que te lleve a pensar y darle vueltas al coco. La mente se mantiene activa y joven cuando la entrenamos.

- **Mejora el rendimiento.** Una persona que juega en el trabajo, disfruta.

- **Mejora las relaciones personales y el ambiente laboral.** En el juego aportamos todos.

- **Mejora el aprendizaje.** Jugar desarrolla el córtex prefrontal, la última parte del cerebro en evolucionar, que interviene en la memoria de trabajo, la toma de decisiones, la planificación y el pensamiento flexible.

3. Despacito, cambia tu ritmo de vida

El propio ritmo de la metrópolis nos lleva a seguir la corriente como corderos, sin pararnos a pensar: «¿Qué hago yo corriendo?». Entre tu postura corporal, tu ritmo y tus emociones, hay una comunicación que se va retroalimentando. El cerebro interpreta que si vas rápido es porque debe de haber un peligro, por eso desencadena la respuesta de ansiedad y de tensión. Es imposible que te comportes con tranquilidad, serenidad y amabilidad si vas con el turbo puesto.

Una manera de sosegarnos, sentir equilibrio y gestionar el estrés está relacionada en gran parte con el ritmo al que decidimos movernos. Y digo «decidimos» porque ha llegado el momento de salirnos de la corriente y elegir a qué ritmo queremos ir.

Con prisas, dando bocinazos en el coche, corriendo por las calles no llegaremos mucho antes. ¿Cuántos minutos le podemos ganar al tiempo? Pocos. ¿Cuánto estrés, envejecimiento, enfermedades, frustración e ira le ganamos a la vida? Muchísimo. No compensa, sinceramente.

EL BOTÓN DE PAUSA

Aprieta el botón de pausa. Puede ser imaginario. Imagina que tienes un mando, como el del televisor. Este es el primer paso: tener la intención de parar.

Necesitas una señal, un anclaje, que te recuerde el deseo de vivir en el presente. Anticípate diciendo «ahora pausa». Utilízalo cuando escribas algo en el ordenador, cuando hagas deporte, cuando te sientes a ver la tele, a comer, a hablar, cada vez que descuelgues el teléfono.

Pausa significa que vas a atender a lo que ocurra en ese momento, dejando que tu atención y tu respiración estén en el presente. Y si llega algún pensamiento o preocupación que te atormenta, o un mensaje al móvil, déjalos de lado. Basta con que no converses con tus pensamientos ni les prestes atención, ya se aburrirán. Tú vuelve al presente y atiende a lo que está ocurriendo en ese momento.

HABLA MÁS LENTO

El habla rápida y atropellada denota nuestro estado emocional y afecta a nuestra serenidad. Al hablar rápido mostramos ilusión, ansiedad, incluso inseguridad.

Cuando queremos ilusionar y convencer, tratamos de subir el volumen, entonar, hablar rápido, transmitir esa seguridad y emoción. Genial, hay momentos en los que jugar con la velocidad y el volumen puede ser un punto a nuestro favor, pero de manera regular, en tu vida cotidiana, trata de hablar un poquito más despacio y más bajito. En España, en general, hablamos demasiado alto, vivimos inmersos en un nivel de ruido que resta serenidad.

Imagina que estás lleno de calma, amabilidad y amor por dentro. Imagina a alguien cercano que cuando habla contigo te contagia esa serenidad, y trata de hablar como esa persona, como alguien que se siente verdaderamente en paz.

Como modificar estos hábitos es complicado, no por la dificultad que entraña, sino por olvido, ponte notas en el móvil, en tu mesa, en el coche, en la cocina, en el espejo del baño, con el mensaje **DESPACIO**. Cuando veas el mensaje, incluso puedes cantar y bailar **DESPACITO**.

Hablar despacio y en un tono conversacional permite que tu cerebro reciba también ese *feedback*. Interpreta que estás en un lugar seguro, apacible, e invita a tu sistema nervioso simpático, responsable de la respuesta de ansiedad, a que se relaje y se tome con calma el momento que estás viviendo.

AQUÍ Y AHORA

Tener un anclaje significa contar con un elemento que siempre que lo veamos nos recuerde, en este caso, que debemos prestar atención al momento presente. Puede ser una vela, las palabras «aquí y ahora», un olor, una melodía *chill* o lo que tú elijas.

Cuando pierdas el foco de atención, te disperses, te distraigas o entres en modo multitarea, utiliza tu anclaje para volver al presente.

APRENDE A CONFORMARTE

En inglés se usan las siglas FOBO, *fear of better options*, que significa «miedo a perder una opción mejor». A veces tomas decisiones que pueden no ser las mejores, pero sí las que te hacen feliz. Y si estás esperando a ver qué oferta de trabajo supera a la que ahora te han hecho, ver qué piso es más barato en esa zona que tanto te gusta o si aparece una pareja más guapa, más inteligente, más maravillosa, igual al final te quedas sin nada.

Aprende a elegir sin querer perseguir una opción mejor y, sobre todo, sin miedo a equivocarte.

PRESTA ATENCIÓN A TU SISTEMA REFLEXIVO

O, qué es lo mismo, el diablito y el Pepito Grillo de toda la vida. El diablito intenta convencerte para que hagas lo que te place aunque no te convenga o te perjudique, mientras que Pepito Grillo te argumenta para que aparques el placer inmediato y busques un beneficio a largo plazo que te hará sentir bien.

Recuerda esta frase «Cartucho, cartucho que no te escucho». Esta es la respuesta que tienes que darle al diablito cada vez que intente convencerte de que respondas de forma inmediata a tus impulsos. No lo escuches, el diablito lleva toda la vida generando argumentos para llevar a la gente al «lado oscuro», es lo que tiene no llevar razón: aguza el ingenio para convencerte. Pero lo único que puede convencerte es hacer lo que has planificado porque, además, es lo que deseas.

PEQUEÑOS CONSEJOS PARA ESTAR MÁS PRESENTE

- Muévete despacio o, como se dice en Andalucía, «Menéate despacio», que es más gracioso.
- Habla con más lentitud.
- Compórtate con amabilidad, como si la gente fuera de porcelana y pudiera romperse con tu paso violento y tus palabras agresivas.
- Aprovecha pequeños descansos durante el día, aunque sean de minutos, para ser consciente de tu respiración.
- Trata de transmitir una imagen serena de ti, aunque por dentro te estén llevando los siete demonios. ¡Sabemos disimular genial cuando nos lo proponemos! Solo el hecho de simular calma te calma.
- Medita a diario, por poquito tiempo que sea.
- Dedícate a una actividad contemplativa, en la que solo observes, sin juzgar. Fíjate en la gente pasar mientras tomas un café, solo míralos. También puedes observarte a ti, cómo estás sentado, cómo está tu cuerpo, dónde hay tensiones o qué partes están relajadas.
- Una sola cosa, o arre o sooo, pero ambas a la vez no. Estate a lo que estás.
- Practica una afición que requiera atención y concentración, desde el encaje de bolillos, pasando por los puzles o una manualidad.
- Elige cada día una actividad en la que poner plena atención, puede ser vestirte, comer, cepillarte los dientes, conducir, ver una serie. Algo sencillo con lo que empieces a entrenarte.

DURANTE UNOS MINUTOS, DEJA QUE TU MOMENTO SEA TAL CUAL

Deja que tu momento actual sea como es, sin desear que sea de otra manera.

«Si yo estuviera…», «A ver si dentro de unos meses puedo», «Cuando…». Fantasear con lo que deseamos tener, hacer o sentir está bien, pero muy de vez en cuando, ya que vivir en el futuro en lugar de en el ahora nos suele generar frustración.

Trata de realizar esta sencilla práctica:

- Para, detente, estés haciendo lo que estés haciendo (si vas conduciendo, no).
- Observa el ordenador, un libro, la cocina, el cuarto de baño, la calle…, observa el lugar donde estás.
- Siente. ¿Qué te inspira? ¿Qué miras sin juzgar, como si miraras algo por primera vez?
- Deja tu mente estar sin perderte en «¿Qué hago aquí perdiendo el tiempo?».
- Date permiso para conectar con el momento durante unos minutos. Puedes verbalizar algo así como «Esto está bien, estoy bien».

No trates de buscar placer ni malestar para cambiarlo, solo trata de estar. Sin juzgar lo que está pasando, sin forzar nada, sin evitar nada. Solo estar.

Esta práctica nos ayuda a aceptar, a tener más serenidad, algo que no tiene nada que ver con resignarnos ni con evitar seguir trabajando en nuestros propósitos. Solo se trata de que, mientras avanzamos, aprendamos a estar bien con lo que es ahora nuestro momento.

BAJA EL RITMO

Bajar el ritmo significa:

- Andar o conducir más despacio.
- Comer sentado, cuidar lo que comes y no terminar todo lo que te ponen si no tienes más hambre.
- Desconectar del trabajo al acabar la jornada. ¿Sabías que siete de cada diez españoles siguen conectados al trabajo al finalizar su horario laboral?
- Saber cómo se llaman tus vecinos, hablar con amigos y conocidos e interesarte por ellos, por su vida, por los suyos.
- Practicar el consumo responsable y el comercio justo. Lo siento, no puedes aliviar tus frustraciones con pequeñas compras que aparentemente te dan felicidad, porque esa felicidad es efímera.
- Meditar... por tu salud física y mental.
- Tener tiempo para observar, para sentir que respiras, para tener pequeños momentos al día en los que estar contigo.

SIMPLIFICA TU VIDA

Ayuda a simplificar la vida:

- No enredarte con lo que resta: pensamientos rumiantes, preocupaciones que no dependen de ti, batallas que no son tuyas, responsabilidades que asumes aunque no te pertenecen.

- Dejar lugar a la improvisación, una mente flexible simplifica mucho. Baja tu nivel de control, todo no puede salir perfecto. Tranquilo, el destino, la suerte, la climatología también tienen su papel en este juego de la vida.

- Más no es sinónimo de mejor. Baja tu nivel de exigencia, no te ayuda a tener una vida sencilla y lo dificulta mucho todo.

- Tomar decisiones. ¿Cuánto tiempo perdemos debatiéndonos, pensando en la mejor opción, intentando evitar el fracaso? La duda está bien, pero ponle fecha límite.

- Ser coherente con tus valores. Ellos son nuestra guía, nos ayudan a tomar decisiones correctas y agilizan nuestra vida. Si algo está fuera de tu escala de valores, descártalo directamente.

SIÉNTATE EN UNA TERRACITA Y OBSERVA LA VIDA PASAR

Siéntate en la terraza de una cafetería o en el interior en una mesa pegada al cristal que dé a la calle. Pídete algo apetecible e invéntate la vida de las personas que ves pasar: «Esta mujer es médico, acabó tarde la carrera porque tuvo a sus hijos pronto y ahora se siente realizada, se le nota en la cara. Además, tiene pinta de pediatra, mira, lleva la ternura en la expresión de su cara. Creo que está casada».

Puede que esa mujer que has pensado que era médico sea entrenadora de aquagym, trabaje media jornada y viva sola con su perro, pero tú te has dedicado a fantasear, a inventar, a ser creativo. Has pasado un rato contigo, observando, como si fuera un ejercicio de meditación.

MÁS NO ES MEJOR

¿Sabes qué es la prontomanía? La obsesión por dar respuesta a todo de forma inmediata.

Los correos electrónicos, los wasaps, Twitter, Instagram Facebook, TikTok, etc., nos han sometido a la inmediatez. Todo sucede en tiempo real y te ves con la obligación de atender a todo en el momento. Deja de esclavizarte. Si no te apetece o estás con otro tema, contesta luego. Si tus amigos se enfadan por no haber recibido una respuesta inmediata, ya lo entenderán cuando se lo expliques.

Ir más rápido te ahorra minutos pero te resta calidad de vida. Y te somete a altos niveles de ansiedad y estrés al verte obligado a ir a un ritmo inhumano. No eres un mac ni un pc, no des valor al cerebro multitarea. En los humanos la mejor opción es «Solo una tarea a la vez». Sí, cada vez que simultaneas tareas, divides el proceso de atención. Crees que estás en todo y que eres muy eficaz, pero realmente no estás en nada de forma plena.

Aprende a organizarte, a gestionar tu tiempo y a realizar una tarea detrás de otra, no una tarea a la vez que otra. Si estás entrenando, entrena, no pienses en la llamada de trabajo pendiente. Y si estás en el trabajo, trabaja, no pienses que tienes que ir al gimnasio pero te da pereza.

NO GLORIFIQUES LA PRODUCTIVIDAD, PUEDES NO HACER NADA

No trates de glorificar la productividad como el objetivo de tu vida, porque eso te aboca a la frustración.

Las personas que miden todo lo que hacen, que buscan estar siempre ocupadas, ser productivas, luego no saben descansar o vivir sin hacer nada.

No hacer nada es salud mental. A pesar de que dedicar un rato a no hacer nada puede que te estrese, ponte a prueba.

PIDE TIEMPO, NO TE PRECIPITES

Tienes derecho a llevar tu ritmo a la hora de actuar, empezar algo nuevo, trabajar, tomar decisiones o hacer un favor a alguien.

Si no tienes claro si podrás hacerlo, si podrás comprometerte, si dispondrás de tiempo o, incluso, si te apetecerá, antes de decir que sí y sucumbir, pide tiempo. Es imposible vivir el presente, estar atentos a lo que ocurre en este momento si tu mente se dispersa con la culpa, la frustración o la emoción que pueda generarte la presión propia y ajena. Es muy estresante ir al ritmo de otras personas, incluso cuando tienes que decidir si hacerles un favor o no.

Pedir tiempo te permite:

- Saber realmente si puedes colaborar o no.
- Ser reflexivo, los nuevos hábitos requieren atención.
- Tener más seguridad y entrenar una respuesta asertiva.

¿QUÉ HACER SIN EL TELÉFONO EN LA MANO?

Además de la desconexión tecnológica que cada día deberíamos tener como objetivo, por ejemplo, no usar el móvil a las horas del desayuno, la comida o la cena, o cuando estamos en familia, también podemos dejar de utilizar el móvil en otras situaciones:

- En la cola del supermercado. En lugar de mirar el móvil, trata de calcular cuánto te va a costar lo que llevas en el carro de la compra. Así, además, ejercitas tu mente.
- Mientras esperas el transporte público. Puedes aprovechar este momento para tomar conciencia de tu respiración.
- Cuando vas de copiloto en un coche o te desplazas en transporte público. Aprovecha para hablar con la persona que conduce o para visualizar tu día si estás solo.
- En la sala de espera de una consulta. Puedes hacer lo que hacíamos hace veinte años: ojear las revistas. Sacar una libreta y escribir el menú de la semana, las cosas pendientes, la lista de la compra...
- Mientras tomas un café en una cafetería, aunque estés solo. Observa el olor a café, las risas de otras mesas, el bullicio o el silencio si es un sitio tranquilo... o lleva un libro.

Al dejar el teléfono en estos ratos, permites que tu mente fantasee, se entretenga, invente, se ejercite. Le harás un favor a tu salud mental.

NO TIENES QUE LLEGAR A TODO

- ¿Dónde está escrito que tengas que llegar a todo?
- ¿Estás seguro de que ese todo al que quieres llegar es un todo realista? ¿O es un todo fruto de tu exigencia?
- ¿Es un todo del que tengas que ocuparte solo tú? ¿O es un todo que puedas delegar?
- ¿No te das cuenta de que si día tras día no llegas a todo es que ese todo no es para ti? Es como esos pantalones que guardas de una talla menos esperando perder cinco kilos que no tienes que perder.

ESE TODO NO ES TU TODO. ASÍ QUE... REFORMA TU TODO

- ¿De qué puedo desprenderme, a qué puedo renunciar?
- ¿Qué puedo delegar?
- ¿Qué me puedo facilitar?
- ¿Qué no es mi responsabilidad?

SI TIENES PRISA, VE DESPACIO

Si tienes prisa y vas deprisa, las probabilidades de que te equivoques, tropieces, te confundas, te caigas, cometas un error, etc., aumentan de forma desproporcionada. La mente entiende la prisa como una huida, una urgencia, una amenaza. Si tu mente te ve «corriendo», aunque solo sea hablar corriendo, interpreta que estás en peligro, que hay una urgencia.

Así que, en estados de prisa, el cerebro trata de ponerte a salvo, no de que tus hijos te obedezcan, de escribir el correo sin saltarte alguna palabra o de atender a una actividad mientras la compaginas con otras dos. La mente necesita serenidad para trabajar y relacionarse con eficacia.

SLOW. Cuando vas despacio, cuando te comportas con amabilidad en tus gestos, en tus palabras y en tu relación con otros, todo fluye y, al fluir, todo encaja. La paz y la tranquilidad te ahorran tiempo, aunque no te lo creas.

SI VAS A SUBIR UN OCHO MIL, ESTABLECE CAMPAMENTOS BASE

Es imposible alcanzar un objetivo a largo plazo a la primera, sin errores. Ningún alpinista se sentiría frustrado por no llegar a la cima el primer día, sabe que hay etapas y cada una de ellas tiene sus dificultades.

Valora tú también cada paso, porque cada uno de ellos te acerca a la meta.

DERECHO A LA DESCONEXIÓN

La desconexión es necesaria, está incluso regulada por ley. Tu cerebro necesita saber diferenciar el horario de trabajo del tiempo dedicado a otro tipo de actividades.

De hecho, nuestro cerebro está organizado de esta manera. Trabaja normalmente de lunes a viernes, desconecta sábado y domingo. Trabaja desde la mañana hasta la tarde, desconecta después del horario laboral. Trabaja todo el año hasta que llegan las vacaciones y desconecta los días de descanso.

Sin embargo, la tecnología nos acerca a todo, incluso al trabajo. Así que hemos adquirido la costumbre de seguir conectados al trabajo en el horario en el que nuestra mente necesita conectar con otros asuntos: familia, ocio, o simplemente no hacer nada.

Hace muchos años, cuando no había móviles, llegabas a tu casa y era complicado que te localizaran. No te podían mandar wasaps ni correos, y si tenían que llamarte, lo hacían al teléfono fijo. Eso permitía que tú te centraras en tu vida personal. Nada era tan urgente, y si había algo de vital importancia, te llamaban al fijo.

La inmediatez no la trae la vida, la trae la tecnología. Eres tú quien tiene que establecer los límites para vivir con más serenidad.

PONTE EN LA COLA MÁS LARGA

¿Te atreves con el reto de ponerte en la cola más larga? Cuando vamos a pagar en el supermercado tardamos poquísimo en hacer un análisis de cuál es la cola más corta o qué cajero es más efectivo. Queremos ganar tiempo, salir pronto del súper y, sobre todo, no queremos que se nos quede esa cara que se nos pone cuando miramos a izquierda y derecha, y vemos que las colas de los demás avanzan y la nuestra no.

Para trabajar la paciencia y estar más presente, te pondrás intencionadamente en la cola larga o detrás de quien lleva el carrito a rebosar y te dedicarás simplemente a observar. No saques el móvil para que el tiempo se te haga más corto, solo exponte a la experiencia. Observa los sonidos, los alimentos que ha comprado el cliente de delante de ti, observa la temperatura, la luz y espera tu turno. Trata de no centrar la atención en pensamientos del tipo: «Estoy haciendo el tonto en la cola más larga». Dedícate solo a estar, como quien no tiene prisa.

«TRANQUILO, NO ME CORRE PRISA»

Todo el mundo suele querer todo para ayer. Compras por internet para no esperar a ir de compras el fin de semana y para que te llegue antes a casa. Pides una propuesta de reforma y quieres que te atiendan sobre la marcha. Llevas un jamón a deshuesar y lo quieres para unas horas más tarde. Te compras un coche nuevo y lo quieres ya, a pesar de que te han dicho que tardará cuatro meses en llegar. Llevas la ropa a la modista y, si te dice que vuelvas la semana que viene, te parece una eternidad. Y así con todo.

Vivimos en un mundo en el que la tecnología nos acerca y esto nos ha convertido en personas poco pacientes, poco comprensivas con el otro y muy exigentes.

Si de verdad te urge, transmíteselo a la persona. Pero si no te urge, dilo también: «Tranquilo, no me corre prisa, cuando sea». Qué más da esperar una semana o semana y media por esa ropa, o tres meses o cinco por el coche, si todavía tienes el antiguo. Qué más da que te manden el presupuesto de la reforma de la cocina tres días más tarde.

PLANIFICA TU ENTRENAMIENTO PACIENTE

La paciencia es la habilidad de esperar con educación, sin perder los papeles.

¿En qué actividades sueles perder la paciencia? Elabora una lista de aquello que te hace perder la paciencia. Es importante tomar conciencia de los momentos en que eso sucede para prevenirlos.

Planifica tu entrenamiento paciente.

- Elige una de las actividades de la lista que has elaborado respecto a la que has decidido ser paciente a partir de ahora y describe cómo quieres comportarte.

Por ejemplo:

«Cuando esté agotada de trabajar y mis hijos estén en plan negociador y probando mis límites, les diré de manera tranquila que estoy cansada y que sería de gran ayuda que pusieran de su parte para que todos pudiéramos descansar antes. Lo haré con amor y comprensión, mirándolos a los ojos y buscando su complicidad».

- Ponte recuerdos visuales.
- Refuerza y alaba cada logro.
- No te critiques a cada equivocación, solo piensa en cómo ser paciente la próxima vez.

ES LO QUE OCURRE HOY

No podemos borrar nuestro pasado. Pero sí podemos decidir qué valor tendrá en nuestro presente. No es lo que dejas atrás, es lo que ocurre hoy y lo que está por venir.

Vivir el presente libre de cargas supone dosificar la nostalgia. Se equivocó el refranero cuando nos dijo: «Cualquier tiempo pasado fue mejor». Este pensamiento nos lleva a sucumbir en el presente y el futuro, a perder la esperanza.

Introduzcamos la nostalgia en frascos pequeños, como las cosas de valor, como un buen perfume, dosifiquémosla para que no condicione nuestro presente ni nuestro futuro. Puedes crear tu caja de la nostalgia y dejar en ella recuerdos, experiencias, momentos difíciles de olvidar de los que hoy has decidido empezar a tomar distancia.

No podemos borrar el pasado, pero sí decidir qué importancia tendrá en el presente y el futuro.

Fluir, reposar, aceptar, dejar estar… ¿no os parece que estas palabras por sí solas ya nos centran?

Si dedicáramos unos minutos, solo unos minutos al día, a dejar reposar la vida, ganaríamos en serenidad, tendríamos más paciencia, viviríamos con menos ansia, estaríamos más centrados, más conectados con nosotros.

¿Qué es para ti «dejar reposar la vida» durante unos minutos? Para mí pueden ser varios momentos durante el día: tomar un café mientras miro al jardín, sentarme a la mesa sin hacer absolutamente nada, estirar después de correr, caminar con atención plena, acariciar a mi perro, ojear recetas de cocina…

¿Y para ti?

DISFRUTA DEL JOMO

JOMO son las siglas de *joy of missing out*, es decir, la felicidad de perderse las cosas.

¿No te gustaría muchas veces estar desconectado? ¿No te gustaría de vez en cuando no haberte enterado, tener menos información? ¿No te arrepientes de haber entrado en una red social nueva que ahora tienes que alimentar con contenidos y de la que tienes que estar pendiente para no perderte nada? ¿No te estresa tener que estar al día de todo?

Uno de los grandes estresores de nuestro tiempo es la sobreinformación. Estamos sobreinformados y, por eso mismo, mal informados. Nos llegan noticias de todo tipo al momento, sin verificar, enseguida se convierten en virales y no nos tomamos tiempo para analizarlas.

Piensa de qué podrías dejar de estar pendiente. ¿Una red social, un programa de cotilleos, una revista que no te aporta nada, el móvil, alguien a quien sigues en las redes sociales sin saber siquiera por qué lo haces?

REALIZA ALGUNA TAREA REPETITIVA

Hacer mandalas es un ejercicio de meditación no formal. Supone dibujar y colorear una plantilla que tiene espacios muy pequeños simétricos. Los mandalas requieren concentración, creatividad, tiempo, serenidad. Al dibujar un mandala centras tu atención en una tarea.

Existen muchas otras actividades que son repetitivas y te ayudan a enfocarte en una sola cosa: pescar, rezar, hacer punto, restaurar un mueble… Estas tareas, requieren toda tu atención y benefician a la mente porque actúan como un entrenamiento en meditación.

SI NO TE GUSTA EL PRESENTE, ¿QUÉ PUEDES CAMBIAR?

No podemos cambiar la incertidumbre, ni adelantarnos al futuro, pero sí podemos hacer pequeños cambios en el ahora para poder disfrutar mejor de él.

Una cosa es aceptar y otra resignarse. Te resignas cuando decides no levantarte de la cama, cuando vas todo el día en pijama, cuando te quejas de todo a todo el mundo pero no actúas para sentirte mejor, cuando metes miedo a los demás buscando la complicidad que justifica tu inactividad.

Puedes cambiar aspectos de tu presente para vivir y disfrutar mejor, aunque no sea la situación soñada. Si te hicieras la pregunta: ¿Qué podría hacer hoy para vivir con más conciencia, con más propósito?, ¿qué harías? Puedes empezar por contestarla a diario y ponerte en acción.

SI NO SABES QUÉ HACER, NO HAGAS NADA

No estás obligado a tomar decisiones si no estás preparado para ello. A veces dejar estar también es parte de la solución. De hecho, hay problemas que más que solución necesitan tiempo. Hemos aprendido que a través del control nos sentimos seguros. Y así es, cuando controlamos lo que es controlable, nos anticipamos a muchos problemas y rebajamos la incertidumbre del futuro.

Pero no todo es controlable. ¡Ya nos gustaría! La incertidumbre nos genera ansiedad, y tenemos que aprender a convivir con ella porque forma parte de la vida.

Aprende a dejar fluir lo que no puedes solucionar ahora en el presente. La vida tiene su propio curso y a veces no podemos alterarlo.

Pregúntate: ¿Puedo solucionar esto ahora? Si la respuesta es no, trabaja la aceptación, déjalo estar y acepta lo que sientes. Deja de razonar, rumiar, hablar con tus pensamientos. Deja de buscar un argumento que aparentemente te tranquiliza, pero que no sirve, porque, al rato, vuelve otra vez la preocupación.

4. Aleja

Para disfrutar de serenidad en tu vida, tan importante es saber qué deseas tener cerca y qué cambios debes hacer, como saber qué necesitas alejar de ti.

Forma parte del respeto a ti mismo y es signo de una buena autoestima tomar decisiones con respecto a aquello que te quita la paz: personas que te manipulan, que deciden por ti, hábitos poco saludables, un entorno gris, un trabajo alienante, emociones incómodas que se perpetúan...

TU SALUD MENTAL DEPENDE DE TRES RENUNCIAS

Tu salud mental es muy importante, tienes que atenderla y cuidarla para tener serenidad.

- No puedes llegar a todo, si por todo entendemos querer hacer actividades como si el día tuviera treinta y seis horas cuando solo tiene veinticuatro.
- No eres la responsable de todos los frentes abiertos en tu vida.
- Aun cuando consideres que un proyecto, un reto o una actividad es estimulante para ti, no tienes por qué aceptarlo ni comprometerte.

LAS COMPARACIONES

Cuando te comparas con otras personas dejas que tu valor esté en relación con el éxito de los demás. Pero tú tienes un valor intrínseco, propio, único. Las comparaciones debilitan mucho nuestra autoestima, y las personas no somos comparables. Todas somos distintas, empezando por algo tan básico como la genética, y siguiendo por las interacciones, experiencias, educación o valores en los que hemos crecido.

Compararnos nos obliga a estar a la altura de otra persona sin conocer las circunstancias que la han llevado o incluso la han ayudado a estar donde está.

Para dejar de compararte con los demás puedes empezar por:

- Centrarte en ti, en tus valores y en lo que aprecias de ti.
- Aceptar la vida como es, el lugar donde vives, qué eres, lo que tienes…, y esto no quita para que tú sigas desarrollándote en la dirección que elijas.
- Dejar de sacarte faltas.
- Dar valor a lo que ahora eres y tienes. Tu cuerpo es maravilloso, te ayuda a hacer un montón de cosas, tu casa es tu hogar, tu familia es increíble…
- No dar credibilidad a todo lo que ves y oyes de los demás. Tenemos mucha facilidad para mostrar el lado bueno en los momentos buenos, pero eso no es la realidad.

LAS NOTICIAS NEGATIVAS

No news, good news, dicen los ingleses. Cuando yo era pequeña, es decir, hace bastantes años, había un periódico que leía mucha gente que se llamaba *El caso*. Como su nombre indica, trataba de noticias espeluznantes, de atracos, homicidios, incendios…

A la gente le gusta leer, y ahora más ver, información sobre tragedias. En España tenemos una rama periodística penosa que explota el dolor, las tragedias, juega con las emociones, frivoliza, enjuicia sin juicio, desnuda la intimidad de quien está sufriendo. Una auténtica porquería de periodismo.

Hay gente que debe de sentir que su vida es maravillosa cuando la compara con quienes atraviesan una tragedia. Pero lo cierto es que exponernos a las tragedias diarias en informativos, periódicos, redes, programas de periodismo barato, lleva a nuestro cerebro a percibir el mundo como un lugar hostil, perverso, inseguro, en el que lo normal es pasar miedo. Y esto no ayuda en absoluto a vivir con serenidad.

Regula la información que consumes. Es tu responsabilidad elegir lo que lees y lo que ves.

LA PRISA

Todavía me pregunto quién convocó la prisa, quién la contrató, quién le dijo que era una buena aliada en nuestra vida. Nadie lo sabe. Lo cierto es que se ha hecho dueña y señora de nuestro día a día, y tenemos que poner distancia con respecto a ella. Asociamos ir rápido, utilizar el cerebro multitarea, correr, con signos de ser buenos profesionales, personas ocupadas, y, en definitiva, de éxito. Pero esto es un error. A mí las personas que siempre van corriendo me inspiran poca seguridad.

- Piensa si eso que hoy es tan urgente y tan importante y te preocupa tanto, **lo será también dentro de unos días.**
- Aunque tengas varias cosas que hacer, ahora, en este momento, **solo puedes hacer una.**
- **Borra de tu vocabulario las expresiones** «ir corriendo», «deprisa», «enseguida». Tu cerebro responde como si hubiera urgencia cuando hablas en estos términos.

LAS QUEJAS

- **Si solo deseas desahogarte, hazlo con madurez.** Expresa lo que te molesta de forma tranquila, controlando el tono, el volumen y los comentarios agresivos. Di cómo te hace sentir, no solo lo que produce la molestia.

- **Si deseas tener algo, o que te presten ayuda, no te quejes, PIDE.** Te llevará antes a la meta y eliminarás la parte manipuladora de la queja. Nadie puede adivinar lo que necesitas si no lo expresas.

- **Si deseas liberar adrenalina, tensión o emociones que te tienen al borde del colapso,** practica alguna técnica de relajación, meditación, yoga y, si puedes, haz ejercicio con regularidad.

- **Practica la paciencia frente a la incontinencia verbal.** Que estés enfadado no significa que tengas que verbalizarlo todo. Sé prudente, comedido, dosifica, espera el momento oportuno.

- **Recuerda:** nos gustan las personas que nos recargan las pilas, dan buenas noticias, sonríen, dan ánimos, insuflan motivación y hacen que el tiempo que pasas a su lado sea un rato de bienestar.

EL VICTIMISMO

El victimismo puede funcionar como desahogo en un momento dado, pero mantener la conducta victimista en el tiempo es poco resolutivo para ti y agotador para los que te rodean.

La conducta victimista se alimenta de la lamentación basada en el ¿por qué a mí? No te quedes en el mundo del victimismo, deja de hablar de lo mal que te sientes, de lo injusto que es el mundo porque no te premia, de la falta de reciprocidad de otras personas, de tu situación laboral agotadora. Lo que nos decimos a nosotros mismos influye en nuestro estado de ánimo, y una persona victimista se está mandando continuamente mensajes de debilidad, desolación, injusticia.

Aunque fuera verdad, la conducta victimista no te dará soluciones. O piensas en soluciones y tomas decisiones, o aceptas lo que tienes. No hay más.

LA EXIGENCIA

1. **¿Qué precio estoy pagando por ser tan exigente?** Trata de escribir una lista para tomar conciencia de ello.

2. **Deja de querer controlarlo todo.** No es posible. Una gran parte de la vida no se puede controlar, y querer ocuparte de lo que no depende solo de ti genera insatisfacción.

3. **Más no es sinónimo de mejor.** Necesitas cambiar algunas de tus creencias para poder bajar tu nivel de exigencia.

4. **Aprende a convivir con el ligero malestar que provoca la imperfección.** Cuando te acostumbras a ese malestar, si le das un tiempo, si te expones a esa «mediocridad», al final el malestar se diluirá y tú dejarás de esclavizarte.

5. **Ten un mantra para calmar los pensamientos obsesivos y rumiantes que te dicen «Hazlo ahora, hazlo mejor».** «Tal como ahora está, está bien», por ejemplo. Sin juzgarte, sin razonar.

6. **Pon tiempos razonables a aquellas tareas a las que sueles darles más vueltas.** A veces nos enredamos con una tarea y no tenemos límites. Nos ponemos a corregir algo y lo leemos una y otra vez, una y otra vez. Ponle un límite de tiempo.

7. **La gente te quiere porque eres una persona, no porque seas perfecto.** No necesitas la aprobación de nadie.

AL TRASTE CON LAS ETIQUETAS

«Al traste con el etiquetado». ¿Eres una lata de conservas o una persona? Una persona, y las personas no necesitamos que nos clasifiquen ni nos etiqueten.

Piensa por un momento cuántas etiquetas negativas y limitantes llevas arrastrando toda tu vida. Te propongo que cojas papel y lápiz y las anotes. «Vago», «poco disciplinado», «caprichoso», «aburrido», «vergonzoso», «dubitativo», «ridículo»… Hay infinidad.

Llevamos toda la vida cargando con este lastre, y a menudo sin siquiera cuestionárnoslas. Nos las colgaron de pequeños, en casa, en el colegio, algún amigo no tan amigo. Otras vienen de las conclusiones que sacamos de nosotros mismos cuando fracasamos. Y muchos años después ni siquiera nos hemos parado a buscar pruebas de realidad, ¿sigo siendo aburrido?, ¿siempre?, ¿de verdad los demás piensan eso de mí?

Una vez hecha la lista de aquello de lo que te quieres desprender, cada vez que te veas descalificándote no luches contra la etiqueta, no te justifiques, no razones, menos aún, te machaques. Solo di: «Lo siento, *darling*, ya no tienes fuerza sobre mí, ya no me condicionas», porque, desgraciadamente, la visión que tenemos de nosotros mismos y esas etiquetas que nos colgamos condicionan nuestra forma de comportarnos. Si crees que eres vago, probablemente te comportarás más como un vago que como alguien que se ve con fuerza de voluntad.

PON LÍMITES A LO QUE CONTRADIGA TUS VALORES

Poner límites es poner respeto. Necesitas proteger tu dignidad y tu conciencia. En este sentido, «poner respeto» se refiere a elegir el tipo de relaciones que queremos establecer con nuestro entorno, con el jefe y los compañeros de trabajo, pero también con los amigos y la familia.

Pierdes la dignidad cuando permites que te hablen sin respeto, que te comparen, te humillen, se burlen de ti, o cuando permites conductas por parte de otros que faltan a tus valores.

¿Alguna vez te ha propuesto alguien hacer un «simpa»?, ¿te ha propuesto tu pareja tener una relación más abierta y se te han puesto los ojos como bolillas?, ¿has permitido que tu grupo de amigos se cebe con algún conocido al que han puesto de vuelta y media, sin piedad y sin corazón?, ¿se ha dirigido alguien a ti de forma humillante, despectiva?

Hay cientos de situaciones en las que no estamos cómodos. No permitas que ocurran delante de ti o que te las dediquen a ti. Para, di «no», pide respeto, vete de allí, no cedas…, siempre estás a tiempo de elegir tu respuesta, tu reacción, tu modo de vivir ese momento. Y sí, puede llevarte a sufrir pérdidas. Perder amigos, perder un trabajo, alejarte de tus familiares. Pero, oye, con la conciencia bien tranquila.

LA TIRANÍA DEL «YO ME AMO»

«Hasta que no te quieras a ti mismo, no podrás querer a los demás». Vamos a desmontar falsos mitos que nos tiranizan. Es maravilloso, increíble, completamente recomendable tratarse con respeto, tener tiempo para uno mismo, dedicarse ese tiempo con atención plena, tener intimidad y espacio, autocuidarse…, pero no es cierto que solo cuando consigas todo esto podrás querer a los demás.

Muchísimas madres y muchísimos padres, abuelas y abuelos nos han dedicado toda su vida, todo su amor, todo su tiempo. Se han desvivido por nosotros económicamente y nos han dedicado todo su tiempo. Se han sacrificado renunciando a cosas importantes. Quizá no se dedicaban tiempo a ellos, tal vez no sabían autocuidarse, pero sí sabían querer. Han querido muy muy bien.

Quererte y respetarte es muy importante, pero quédate tranquilo hasta que lo consigas, seguro que tienes la habilidad de querer de maravilla a los tuyos.

LA TIRANÍA DE LA FELICIDAD

¿Cansado de que haya que estar feliz todo el día?, ¿de seguir consejos para que te sientas más feliz?, ¿de buscar la felicidad? Tranquilo, la felicidad es difícil de encontrar porque no es un estado estable ni permanente, sino más bien pasajero, efímero.

La cultura de la felicidad hace que nos sintamos culpables cuando nos sentimos irascibles, tristes, cansados. Y es que es imposible sentirnos todo el día felices. Existen muchas otras emociones que necesitan su espacio y que existen por algo. Hay que dejarles sitio.

LA TIRANÍA DE LA ACTITUD

Hay quien divulga de una manera un poco naíf, e incluso me atrevería a decir poco empática y desconsiderada, que lo único que controlamos al cien por cien es la actitud. Falso. Decir eso es desconocer las bases de la neurociencia. Y la neurociencia es importantísima para entender el comportamiento humano.

Los neurotransmisores intervienen de forma determinante en nuestra actitud. Y ya nos gustaría elegir sus niveles, pero no es tan sencillo como tirar solo de la actitud. Por supuesto, intervienen muchos factores más, como la suerte, la educación, el entorno, el nivel socioeconómico…

Esos gurúes de la actitud y la felicidad deberían dejar de hacer sentir culpable a la gente, porque no todo depende de la actitud. Así que no te sientas culpable si alguna vez te falla. Es recomendable escuchar nuestro cuerpo, nuestras emociones, cómo estamos y cómo nos sentimos. Y si hace falta, pide ayuda profesional y medicación. No es cosa de débiles, es de valientes.

LAS MANÍAS

Tener alguna manía o alguna superstición no tiene por qué ser un trastorno obsesivo-compulsivo (TOC), a pesar de que también se suelen realizar como una conducta de evitación. A diferencia del TOC, estas manías no llegan a limitar nuestra vida de una manera clínicamente significativa. Eso sí, no nos dejan ser libres.

¿Te animas a desprenderte de alguna superstición? Ya sé que «no cuesta nada llevarlas a cabo» y que no te suponen ningún esfuerzo, pero te condicionan, porque si no tocas madera o si dejas de ponerte ese anillo de la suerte, lo pasas mal, te genera ansiedad o estás incómodo.

Prueba a deshacerte de algo, aunque sea por rebeldía, así podrás comprobar que no hay un pensamiento mágico, que no hay un ritual que te proteja.

Tocar madera, el boli de la suerte, el anillo que te protege, un determinado orden, rituales con los números, contar matrículas, los colores, el orden de las perchas, revisar enchufes, electrodomésticos, determinadas rutinas al conducir o al caminar, evitar pasar por delante de algo... ¿Qué te atreves a dejar de lado? ¿Cuál es tu manía confesable?

EL DESEO DE ESTAR POR ENCIMA DE LOS DEMÁS

Es muy liberador dejar de lado asuntos en los que no tienes por qué ganar.

¿Te ha pasado alguna vez? ¿Recuerdas el momento en el que decidiste que no era importante ganar esa batalla, que no tenías que demostrar nada o que ya no necesitabas que te entendieran?

En mi vida fue una liberación absoluta decidir que ya no tenía que convencer a una persona determinada de lo que era importante para mí, de cuáles eran mis valores, de por qué tomaba una decisión. Dejar de justificarse y dejar de dar explicaciones puede ser muy liberador. Seguramente la otra persona sigue convencida de que tú eres de una manera o de que estás equivocada, pero ¿qué más te da?

TUS «DEBERÍA»

Entre los «debería» y los «tendría que» estamos todo el día obligándonos y descalificándonos, dos verbos poco amables para dirigirlos a los demás y a nosotros mismos.

¿De qué «debería» te gustaría desprenderte? Te animo a escribir tu lista de y escoger uno con el que empezar a trabajar. Estos son algunos ejemplos:

- Debería estar de mejor humor.
- Debería disfrutar más de las cosas.
- Debería arreglarme el pelo.
- Debería arreglarme un poco más.
- Debería ser más paciente con las demás personas.
- Debería comer menos.
- Debería hacer más ejercicio.
- Debería dejar de postergar lo que tengo pendiente.
- Debería tener la casa más recogida.
- Debería dejar de hacerle tantos reproches a mi pareja.
- Debería leer más.
- Debería dejar de ser tan susceptible y saltar por todo.
- Debería ser más organizada.
- Debería prestar más atención a mis amigos.
- Debería, debería, tendría, tendría...

PERMITE QUE ESA PERSONA SE TE ESCAPE

Tú crees que está en tu vida, pero no lo está. O no lo está en la forma en que tú la necesitas. Por eso a veces hay que permitir que determinadas personas o situaciones se nos escapen, porque en el fondo sabemos que no están para nosotros.

Eso no significa que esa persona no sea una buena persona, significa que no coincide en tiempo y forma contigo, que tiene otros valores, otro camino, otro proyecto de futuro, otro estilo de vida, otros hábitos, una forma de querer distinta.

Dejar marchar es hacer espacio. Quizá no para que entre nada, pero sí para respirar con más amplitud.

EL PERFECCIONISMO

Difícilmente un perfeccionista puede ser cumplidor. De hecho, le cuesta cumplir y entregar un trabajo si entiende que no está perfecto. Lo peor de todo es que el perfeccionista también trata de serlo con lo más nimio, con sus propias aficiones.

Las aficiones y los hábitos saludables están en nuestra vida para que podamos gozar de ellos; pero no, hasta el placer es motivo de exigencia para los perfeccionistas.

El perfeccionista no solo suele perder un tiempo excesivo antes de entregar algo, sino que puede ralentizar el trabajo del grupo, y lo habitual es que se limite a la hora de involucrarse en actividades divertidas. Sabe que tarde o temprano dejarán de serlo y se convertirán en una obligación más.

Dile adiós al perfeccionismo y acostúmbrate a trabajar con un nivel de exigencia menor.

A mí me preocupaba mucho la alimentación de mis hijos y la mía propia, hasta que decidí que comer un día entre semana pizzas no debía de ser tan grave. O comer dos días seguidos alguna legumbre cocinada por mí. Así que ahora hago garbanzos para dos días y dedico el segundo a algo que me apetezca a mí, aprovechando que no tengo que cocinar.

BATALLAS QUE NO VALEN
LA PENA

Una vez leí en las redes sociales algo revelador para mí: «Es mejor tener paz que tener razón». Esta frase me abrió mucho los ojos.

Yo era una de esas personas que se desgastan tratando de explicar sus argumentos, pero no siempre a las personas que tenemos en frente les interesan.

Hay familias divididas porque, en lugar de buscar paz, han preferido tener razón. Familias que discuten por herencias, por deportes, por temas profesionales. O familias separadas por la ideología política.

Hay batallas importantes que debemos librar porque pueden poner en riesgo nuestra salud y la de los demás. Está claro que depende de nuestra escala de valores la decisión de qué batallas queremos librar. Decide tú si vale la pena que sigas insistiendo a tus hijos, tu pareja, en el trabajo en según qué temas o si puedes dejarlos estar. Eso no significa que tengas que dar tu brazo a torcer, aunque ceder también es una posibilidad, sino que dejes de desgastarte cuando sabes que los demás no van a cambiar.

OBJETIVOS INALCANZABLES

¿Volviste a pensar, en enero o septiembre, en esos objetivos que llevas años proponiéndote, en los que no llegas a comprometerte nunca? Si no lo consigues no es porque sean imposibles, son solo inalcanzables para ti, por varias razones: puede que no te motiven lo suficiente, que te parezcan demasiado difíciles o aburridos, o que no sea tu momento.

Si sigues insistiendo en ellos solo conseguirás tomarles manía, y te quedará una sensación de fracaso por no cumplir lo que te propones. Mi consejo es que durante un tiempo, o quizá para siempre, abandones ese objetivo. A veces nos lo marcamos hace tiempo y en aquel momento igual tenía sentido, pero tal vez ahora ha perdido su relevancia en nuestra vida.

Desligarte de objetivos que no has conseguido alcanzar no es perder ni resignarse, es elegir. Y elegir es liberador. Si solo te han proporcionado desgaste y sentimientos de culpa por no haberlos logrado hasta ahora, ¿por qué seguir insistiendo iba a llevarte a conseguirlos?

HÁBITOS INSANOS

¿Tienes detectados los hábitos insanos de los que te gustaría desprenderte?

Pueden ser insanos por diferentes motivos: quizá te hagan perder el tiempo, tal vez sean dañinos para tu salud, te inviten a sentir culpa, afecten a tu dignidad o vayan en contra de tus valores.

Confecciona tu lista y, cuando te sientas preparado, empieza a idear un plan para, poco a poco, ir desprendiéndote de ellos. Si no sabes cómo hacerlo, pide ayuda.

Te pongo como ejemplo diez hábitos insanos. Puede que tú reúnas alguno, todos o ninguno. Elabora tu propia lista.

1. Fumar.
2. Consumir refrescos azucarados con frecuencia.
3. Dar voces.
4. La vida sedentaria.
5. Conducir saltándote los límites de velocidad.
6. Tratar de llegar a todo.
7. Dormir poco o mal.
8. Ser imprudente, grosero, indiscreto...
9. Trabajar con el portátil en la cama.
10. Comprar ropa de forma compulsiva.

LAS OPINIONES DE LOS DEMÁS

No sería sensato que te dijera que las opiniones de los demás sobre nosotros no son importantes. Lo son cuando vienen de personas que nos quieren, cuando son respetuosas, cuando se realizan para sumar y cuando están cargadas de amor. Te invito a escucharlas, pero con sentido crítico.

Las personas que te quieren te desean el bien, pero el tema del bien es bastante subjetivo, ya que tiene que ver con la escala de valores de cada cual. Y puede que la escala de valores de esas personas, sus prioridades, sus preferencias no coincidan con lo que tú necesitas o deseas.

Escúchalas con atención, pero no te veas obligado a cambiar. No permitas tampoco que te manipulen o te hagan chantaje emocional. Que las opiniones de los demás sean importantes no significa que tengas que ceder ante sus propuestas.

Cuando te aconsejen, de la forma o con la intención que sea, piensa: «Solo es una opinión, un consejo, una propuesta que esta persona me hace desde su punto de vista, que es tan válido como el mío». Si no te convence, agradece el consejo y transmítele que tu idea te convence más. Y si crees que esa persona puede seguir insistiendo y hacerte sentir incómodo, ni siquiera tienes que decirle que seguirás adelante con lo que tú tenías pensado.

SER LA PERSONA QUE OTROS DESEAN QUE SEAS

«Ande yo caliente, ríase la gente». ¡Ojalá fuera tan fácil seguir el refranero español! No solo no nos da igual que se rían de nosotros, sino que buscamos constantemente la aprobación de los demás.

Es lógico, las personas somos animales sociales, nos gusta formar parte de un grupo de amigos, de compañeros de clase o de trabajo, de una familia. Pero a veces pagamos un precio muy alto por satisfacer esa necesidad de pertenencia: nos transformamos en lo que los demás desean de nosotros, en aquello que les agrada y les complace, para no perder el cariño, la persona, la seguridad, en definitiva, para sentirnos queridos.

Para andar por la vida con el lema «A quién le importa», como cantaba Alaska, empieza por:

- **No defraudarte a ti mismo.** Fallar a los demás es algo que está a la orden del día. No puedes complacer a todo el mundo, es materialmente imposible. A quien tienes que tratar de no fallar es a ti mismo.
- **Acepta que lo que decides no gustará a todo el mundo.** Así que elige, decide y responsabilízate de tus decisiones.
- **Grábate la idea de que vivir con éxito es vivir la vida a tu manera.** Cada uno elige su vida, y tú tienes que hacerlo con la tuya. A pesar de que a algunos no les guste. Quien te quiere te querrá a pesar de las diferencias.

EL ESTRÉS DEL TRABAJO

El estrés laboral es multivariable: compañeros complicados, estar mal dirigido, la incertidumbre, el exceso de tareas, incluso tener poca responsabilidad.

Con independencia del motivo, siempre podemos realizar una serie de ejercicios que nos ayuden a sentirnos más serenos:

- Medita. Se puede practicar en el trabajo. Busca un espacio en la oficina en el que puedas estar tranquilo. Incluso lo puedes hacer dando un paseo por el exterior o sentado dentro del baño.
- Haz ejercicio.
- Organiza tu agenda.
- Aprende a dejar de postergar.
- Ponte un horario, ayuda a que la mente se organice, esté más atenta y sea más eficaz.
- Conecta y desconecta entre distintas tareas.
- Olvida el cerebro multitarea y desarrolla tu atención plena. Estar aquí y ahora te ayudará distanciarte de los estímulos que distraen.

Estos consejos pueden ayudarte a controlar tus enfados:

- **Analiza qué ha pasado y piensa en el valor que tiene.** ¿De verdad es tan importante?, ¿lo seguirá siendo mañana?, ¿tiene un sentido este enfado?

- **Anticípate.** Si sabes que la situación que vas a vivir puede ser incómoda para ti, prepárate. Lo mejor es pensar la manera tranquila de llevar la situación.

- **Tienes más paciencia de la que imaginas**, solo hay que entrenarla.

- **Las palabras no se las lleva el viento y dejan cicatrices.** «Es que pego un grito y me quedo más a gusto que todo». Sí, ya, pero los demás se quedan bastante fastidiados. La conducta impulsiva, por norma general, te va a traer consecuencias negativas.

- **Practica técnicas de regulación emocional**: yoga, meditación, relajación muscular o actividad física. Gritar no es un ansiolítico.

- **Aprende a comunicarte y a entenderte con la gente.** Muchas de las interpretaciones que sacas sobre la intención de los demás te llevan a enfadarte.

- **La amabilidad y la educación nunca fallan.** Pueden ser muchas cosas las que nos separan de las personas, pero si sabemos expresarnos con educación y amabilidad, la mayoría de las diferencias pueden resolverse o entenderse.

- **No levantes la voz.** El grito no corrige, el grito no abre los ojos. Gritar es el recurso fácil de los que se enfadan con frecuencia.

- **Utiliza el humor y aprende a ver la parte humorística de la vida.**

La venganza va a unida a la falta de perdón y es una manera equivocada de buscar justicia.

La venganza se relaciona con la ira. Cuando no perdonas, cuando deseas una mala vida a quien te ofendió, te ofuscas, planeas la maldad hacia otra persona. Maldad de la que, por cierto, la otra persona no es consciente. La venganza te daña a ti, pero no al otro, salvo que la ejecutes.

La mayoría de las veces las ideas vengativas se quedan en pura fantasía, en aquello que nos gustaría que le sucediera a la otra persona. Pero mientras ideas, sufres tú.

Deja de idear cómo vengarte, solo te produce dolor y ni soluciona el problema que ha originado tu malestar ni te hace sentir mejor. Al revés, te envenena más.

La vida tiene una parte injusta, aceptarla y seguir con nuestra vida es clave para tener serenidad.

LA ENVIDIA

La envidia no solo duele, sino que hace que nos sintamos malas personas. La envidia es una emoción que nos tortura, pero, como todos los estados emocionales, tiene su porqué, su motivo para existir. Si somos comprensivos con ella, empatizamos y la escuchamos, nos daremos cuenta de que la envidia nos da mucha información.

Cuando sientas envidia, no te sientas mala persona, solo escucha de forma activa:

- **¿Qué me está diciendo?** La mayoría de las veces te habla de lo que otros tienen y tú no, de aquello que deseas. No utilices la información para menospreciar a quien lo ha conseguido, sino para ver cómo puedes cambiar tus circunstancias.
- **Si lo deseas, cambia.** ¿Qué puedo cambiar, en qué me puedo formar, qué puedo hacer de forma distinta?
- **Necesitarás salir de la zona de confort.** No tengas miedo, a primera vista parece un lugar inseguro, poco predecible, pero en nada formará parte de tu nuevo entorno y podrás ir creciendo dentro de él.

A LOS DOMINADORES

Siete consejos para evitar que otros te dominen:

1. **Ten claro qué quieres de esa situación o de esa persona.** Es más difícil que te convenzan si sabes qué deseas y qué no. Si los demás lo desconocen será más fácil que te utilicen.

2. **Pon límites.** Los límites están muy ligados a tus valores, aquello que no es negociable para ti. De forma amable, clara y sencilla, haz que los respeten. Una frase como «Lo siento, esto no es negociable» puede ser suficiente para atajar una situación incómoda.

3. **Aprende a decir «no».** La mayoría de los noes que no das tienen un objetivo: evitar el conflicto. Pero si no aprendes a decir «no», la persona que te pide un favor, o la que trata de que hagas una tarea en el trabajo que no te corresponde, interpretará que eres superservicial y que no te cuesta esfuerzo.

4. **Adopta gestos y una postura corporal seguros.** Pon la espalda recta, gesticula con las manos, mantén el contacto ocular, sonríe incluso.

5. **No levantes la voz.** La persona que se siente segura y sabe lo que quiere, tiene argumentos, no da voces, es capaz de hablar de forma relajada y dejar clara su postura.

6. **Ten claro cuáles son tus derechos en el trabajo, en la pareja, en el grupo de amigos.** Hay derechos profesionales y derechos humanos. No conocerlos te puede llevar a confundir valores.

7. **No respondas a los ataques injustificados ni a las críticas destructivas.** Haz como si no fueran contigo, solo buscan debilitarte y que termines cediendo.

LA CULPA

Ante la mala conciencia o el sentimiento de culpa, sirve de poco seguir sufriendo, entrar en bucle y pensar que mereces ese sufrimiento. De ese maltrato hacia ti mismo sacarás la conclusión de que no te gusta sufrir, de que deberías cambiar la próxima vez, pero quizá puedes hacer algo más para empezar a encontrarte bien. ¿Acaso no mereces una segunda oportunidad?

¿Qué podría ayudarte a sentirte mejor cuando te sientes culpable?

- Pedir perdón.
- Reparar el daño.
- Ser compasivo.
- Extraer un aprendizaje.
- Entrenar el sistema reflexivo de cara al futuro.
- Tener claro qué son para ti el bien y el mal.
- Ojo con la mala conciencia fruto del chantaje emocional de otros que te hacen sentir mal.
- Cuidar tu autoestima.
- Y, lo más importante, no saltes charcos si no te quieres mojar.

5. Tecnología y redes sociales

«**N**i contigo ni sin ti tienen mis males remedio. Contigo porque me matas. Sin ti porque yo me muero», cantaba Emilio José. No conocía la tecnología en aquellos tiempos, pero la canción parece dedicada a ella.

No podemos vivir sin el móvil, sin las plataformas de series, sin el ordenador. Nos facilitan la vida, nos conectan con otras personas, dan visibilidad a nuestro trabajo, invertimos en ellas tiempo de ocio. Hemos hablado y hemos estado conectados con los abuelos durante la pandemia de la COVID-19 gracias a la tecnología. La verdad es que nos da muchísimo más de lo que nos quita. Y, por suerte, podemos regular lo que nos quita: estar presentes con los nuestros, el tiempo que perdemos con tonterías de las redes o restarle tiempo a otro tipo de ocio.

Te invito a seguir algunos consejos para que la tecnología sea un facilitador de tu vida, no una dependencia.

¿SUFRES TECNOESTRÉS?

El tecnoestrés es el término que acuñaron Larry Rosen y Michelle Weil en 1997 para nombrar la adicción psicológica a la tecnología.

¿Cómo reconocer que sufres tecnoestrés? Estos son algunos de los síntomas:

- Deseo de adquirir las últimas novedades en tecnología. Hay personas que hacen cola toda la noche para ser los primeros en comprar el último modelo de una marca de telefonía móvil.
- Empobrecimiento y desaparición de las relaciones sociales debido al tiempo que dedicas al teléfono y la distancia que genera entre las personas.
- Necesidad de estar conectado en todo momento, conocer qué se publica y contestar a las redes sociales.
- Sentir ansiedad y un malestar significativo si no estás conectado, síntomas comunes en cualquier otro trastorno de ansiedad.
- Puede dificultar el aprendizaje por otros métodos.
- Deterioro del proceso de atención al ser medios multitarea.
- Impaciencia e inmediatez en los procesos de trabajo y en las relaciones personales.

La población más afectada es la de los jóvenes, pero cada vez más afecta a personas de mediana edad.

SI SUFRES TECNOESTRÉS, TOMA MEDIDAS

- Haz un uso razonable de la tecnología, limita las horas que le dedicas y el momento.
- No contestes a correos, mensajes o a las redes de forma inmediata.
- Silencia el teléfono y los mensajes cuando estés ocupado.
- Apaga los dispositivos a partir de una hora de la tarde–noche.
- Cultiva otras actividades que te apasionen y eduquen en las relaciones sociales, haz deporte y practica otro tipo de juegos.
- Edúcate en valores menos consumistas para que tu felicidad no dependa del último modelo tecnológico.
- Medita para recuperar la capacidad de estar atento.

QUE NO TE DEJE POR UN MALEDUCADO

No permitas que el teléfono te deje como un maleducado. Hemos sentado una serie de precedentes en cuanto al «mal uso» del móvil que deberíamos erradicar. Por ejemplo, que alguien te esté hablando, te suene el wasap y atiendas al mensaje. Salvo que sea de extrema urgencia, como que tu hijo esté enfermo, ¡no lo mires! Ten claro que quien tenga algo de vital importancia que resolver contigo, te localizará.

Escribe una lista de los distintos momentos en los que no cogerás el móvil y comprométete a hacerlo.

DESCONECTA DEL TRABAJO

En tu teléfono está tu agenda de reuniones, la agenda personal, el correo electrónico, los mensajes de LinkedIn y otras aplicaciones relacionadas con el trabajo. ¿Por qué tenemos un horario laboral? Porque mente y cuerpo necesitan estar en equilibrio.

El equilibrio busca que despejes la mente de obligaciones y que durante unas horas la dirijas al disfrute. Y debes hacerlo no solo porque es positivo y saludable para ti, sino porque la desconexión permite que la próxima vez que vuelvas a conectarte tengas la mente limpia y despejada. Así podrás pensar, analizar y tomar decisiones mejor.

De modo que, cuando llegues a casa, salgas a tomar una cerveza con tus amigos o entres en el gimnasio, deja el teléfono fuera de tu alcance, en un lugar donde no lo puedas oír. Incluso te aconsejo que le quites el volumen.

REEDUCA A LOS TUYOS

Reeduca a tu círculo personal, familiar, laboral. Cuando alguien te reproche que no le has cogido el teléfono de inmediato, o te haga algún comentario del tipo: «Te he llamado, ¿te pasa algo conmigo?, como no me lo cogías...», o si, por ejemplo, te ha llegado un mensaje y enseguida te envían emoticonos con la mano levantada como diciéndote: «Hazme caso», contesta sencillamente: «Estoy en modo aprender a regular mi relación con el móvil» en tono de humor, o «Tú no me has hecho nada, es que me estoy desintoxicando del móvil».

Diles que estás limitando el uso del teléfono porque necesitas tener más equilibrio y no depender tanto de él. Cuando te hayan llamado un par de veces y comprueben que no respondes de inmediato, se acostumbrarán a tu nueva gestión del tiempo y de la tecnología.

Eso sí, devuelve las llamadas perdidas cuando vuelvas a coger el teléfono.

MOMENTOS DE «CERO TECNOLOGÍA»

Muchas parejas están comiendo, y en lugar de dedicarse el tiempo por completo, lo compaginan con sus respectivos móviles. Se dedican a mensajear, contestar y atender al WhatsApp mientras comparten mesa. Cuando compaginas varias tareas, terminas por no atender con atención ninguna de ellas. Quien inventó el cerebro multitarea se equivocó: es una forma más de esclavizarnos.

Disfruta del momento, de la cena con tus hijos, de la conversación con una amiga, dirige todos los sentidos al presente. El presente es el único lugar en el que podrás disfrutar de lo que está pasando. Si quieres tener una mochila de vivencias y emociones, vive en el presente. Solo podrás disfrutar del momento si le dedicas plena atención y te fijas en los detalles de lo que tienes a tu alrededor. En el momento en el que te dedicas a atender a otros estímulos que nada tienen que ver con la clase, la conversación, el estudio o el paseo, estás presente, pero solo a medias.

Deja el móvil fuera de donde comes; si estás comiendo en la calle, déjalo en el bolso o en tu bolsillo y quítale el volumen a todas las funciones.

Decide con tu familia cuáles serán los momentos de «cero tecnología», por ejemplo, cuando os reunís en torno a la mesa. En esos momentos no habrá presencia de móviles.

¿CUÁNDO NO UTILIZAR EL MÓVIL?

- En las interacciones sociales. Presta atención plena a lo que se está hablando.
- Cuando estés descansando. Pon el móvil en silencio.
- Durante el sexo. No, por favor, ni se te ocurra.
- Desayunando, comiendo, cenando. Aprende a disfrutar de lo que comes.
- Cuando disfrutes de alguna afición.
- Al meterte en la cama, salvo que algún familiar dependa de una llamada.
- Cuando estás concentrado en el trabajo.
- Cuando disfrutas de un momento familiar.
- Cuando interfiera con alguna actividad peligrosa, como conducir, pero también caminar.
- Cuando decidas no estar disponible.

¿QUÉ ES LA NETIQUETA?

La netiqueta es el protocolo cibernético, un conjunto de normas y pautas para relacionarnos con educación y respeto. Al igual que no insultamos cuando nos cruzamos con alguien por la calle, sino que damos los buenos días, sonreímos y tratamos de ser cordiales y educados, así debemos comportarnos también en las redes sociales, en los mails y en internet, para no humillar ni faltar al respeto y facilitar las relaciones con los demás.

Te aconsejo que dejes de relacionarte con quien no cumpla estas normas. Hay personas cobardes que se esconden detrás de perfiles irreales para no dar la cara y lo aprovechan para soltar toda su ira y su frustración, y agreden, hieren, humillan y faltan al respeto a los demás usuarios.

Utiliza la netiqueta en todas las interacciones: en los chats, las redes sociales, los comentarios que dejas en webs y blogs, en los posts que compartas, en los foros de discusión y en tus correos electrónicos.

LAS DIEZ REGLAS BÁSICAS DE LA NETIQUETA

En 1995, el Grupo de Trabajo de Ingeniería de Internet (Internet Engineering Task Force, IETF) elaboró un decálogo con diez normas que se recogen en el documento denominado RFC 1855. (Fuente: Wikipedia).

Cumplir estos consejos proporcionará mucho sosiego y respeto a tus interacciones virtuales.

Regla 1: Nunca olvides que la persona que lee el mensaje es otro ser humano con sentimientos que pueden ser lastimados.

Regla 2: Sigue en la red los mismos estándares de comportamiento que sigues en la vida real.

Regla 3: Escribir todo en mayúsculas se considera gritar y, además, dificulta la lectura.

Regla 4: Respeta el tiempo y el ancho de banda de otras personas.

Regla 5: Muestra tu lado bueno mientras te mantengas en línea.

Regla 6: Comparte tus conocimientos con la comunidad.

Regla 7: Ayuda a mantener los debates en un ambiente sano y educativo.

Regla 8: Respeta la privacidad de terceras personas.

Regla 9: No abuses de tu poder o de las ventajas que puedas tener.

Regla 10: Excusa los errores de otros.

LA PERSONA A LA QUE TE DIRIGES ES UN SER HUMANO

Los seres humanos sufrimos con las ofensas de los demás. Así que, a la hora de expresarte en el espacio cibernético, recuerda que puedes hacer daño a otras personas. Por favor, sé empático.

Para tomar conciencia de lo doloroso que puede ser un comentario, hazte estas preguntas.

- ¿Lo que estoy escribiendo es fruto de mi malestar, enfado, disconformidad?
- ¿Lo estoy redactando de forma respetuosa y amable?

ASÍ EN LO VIRTUAL COMO EN LO REAL

No hagas ni digas nada que no harías en presencia de una persona real. No te envalentones en el mundo virtual, porque, si lo haces, conseguirás justo lo contrario: deshumanizarte y actuar con cobardía. Lo que no te atreves a decir de forma directa y en presencia de una persona, no lo digas protegido por el ciberespacio.

La barrera virtual que te envalentona debería apelar a tu sistema reflexivo: «Si esto no lo haría o lo diría en presencia de alguien, igual es que no es del todo apropiado».

Cuando escribes en mayúsculas la gente lo suele recibir como una escritura agresiva. Es como si estuvieras gritando, insultando, criticando. Las mayúsculas tienen un trasfondo emocional relacionado con el enfado, la rabia y la frustración.

Si quieres que las personas que te lean te tengan en cuenta y te interpreten con benevolencia, escribe con minúsculas. Nadie quiere empezar a leer un texto que puede venir de alguien que está furioso. Aunque tú no lo estés, eso es lo que interpretará quien te lea.

Lo que escribimos en el mundo virtual, incluso si es una crítica, tiene que invitar a leerse desde un estado de ánimo proactivo. Si ya de entrada quien va a leerte se siente ofendido, simplemente no leerá lo que le quieres decir o no lo leerá a gusto.

Trata de ser respetuoso con el tiempo y el ritmo de tu destinatario. La inmediatez con la que fluye la información en los correos electrónicos, chats y redes sociales no obliga a contestar con la misma inmediatez.

Respetar los tiempos de tus destinatarios es un acto de consideración a su tiempo de trabajo y de ocio. Todos tenemos ritmos, horarios, necesidades, familia, aficiones, y todos necesitamos descanso. Quizá no te respondan de inmediato porque no pueden o porque no es el momento oportuno para ellos. Respeta.

MUESTRA TU LADO BUENO MIENTRAS ESTÉS CONECTADO

Olvida los reproches, la crítica destructiva, las conductas de superioridad, de desprecio al otro o de mal gusto. No todo lo que lees en las redes será de tu agrado, pero no por eso tienes que sacar tu lado crítico e ir anotando lo que te incomoda cada persona.

Tienes derecho a dar tu opinión y hay libertad de expresión, por supuesto, pero a veces no es necesario incomodar a la gente. ¿Qué quieres hacer?, ¿leerles la cartilla? ¿Para qué?

Hay formas amables de expresar lo que sientes y lo que opinas:

- Hazlo por privado.
- Desde el respeto.
- Con amabilidad.
- Pide permiso antes de dar un consejo, así te aseguras de que la persona tenga curiosidad por lo que le comentas.
- No amenaces diciendo: «Te voy a dejar de seguir». Si deseas hacerlo, hazlo, pero la amenaza es una chiquillada.

COMPARTE TUS CONOCIMIENTOS

Reservarse el conocimiento suele ser una muestra de egoísmo e inseguridad. Eso ocurre tanto en el mundo virtual como en el real. Yo me cansé de asistir a congresos en los que todo el mundo compartía en sus presentaciones lo que estaba investigando, lo que había logrado, pero nadie decían cómo. En aquellas comunicaciones había mucho qué, pero poco cómo.

La gente tiene miedo a que le copien y se reserva información, pero un gesto de seguridad y confianza en uno mismo es compartir su trabajo sin miedo, porque las ideas brillantes, la originalidad, la creatividad deben poder copiarse citando al autor, siempre que sea posible. Así avanza la ciencia. Aprendemos de los demás y mejoramos lo que otros han hecho.

AYUDA A MANTENER LOS DEBATES EN UN AMBIENTE SANO Y EDUCATIVO

El sentimiento de pertenencia nos lleva muchas veces a confabularnos con quien está atacando o con quien está siendo atacado. Sentimos que pensamos lo mismo y nuestro deseo de defender o apoyar a alguien nos lleva a sacar la vena reivindicativa. Haciéndolo echamos leña al fuego y encendemos las emociones de otras personas.

Ten cuidado con tu pasión. Evita hacer daño a otras personas en nombre de la pertenencia, la pasión y las emociones, por muy protegido y apoyado como te sientas en el mundo virtual.

Debatir es maravilloso, nos ayuda a intercambiar opiniones y conocimientos, y genera aprendizaje, pero siempre que se lleve a cabo desde el buen rollo y el respeto.

RESPETA LA PRIVACIDAD
DE OTRAS PERSONAS

La privacidad es importantísima. A pesar de la moda actual de exhibir nuestro estilo de vida, nuestra forma de vestir, nuestros hijos, nuestras vacaciones y todo lo que comemos, bebemos y reímos, son muchas las personas que desean tener privacidad y no comparten sus momentos privados e íntimos. Es más, esa amiga tuya que suele compartirlo todo tal vez no quiera compartir una foto que tú vas a subir, por mucha confianza que os tengáis.

No tienes derecho a compartir fotos ni información de nadie sin su permiso, tampoco de tus hijos. Sí, son tus hijos y son preciosos, graciosísimos, maravillosos, pero tal vez no deseen ser expuestos. Deberías pedirles permiso antes de compartir cualquier foto, incluso si son pequeños. Pese a su edad, tienen mucho más criterio del que imaginas.

Antes de compartir nada, pregúntate: ¿La persona que aparece en la foto que vas a colgar en tus redes desea estar en ellas?

Y, por favor, a pesar del atractivo que supone exhibir a nuestros hijos en las redes, no los conviertas en una manera de conseguir likes, resultar atractivo o incluso cerrar un negocio. Espero que eso se legisle dentro de poco, aunque siempre llegamos tarde.

NO ABUSES DE TU PODER

Personas con cientos de miles o millones de seguidores pueden generar una corriente de opinión que afecte a otra persona o a una empresa y pueden hundir o realzar un producto o un servicio.

Para mí la regla es la siguiente: si algo te gusta, habla de ello, compártelo. Si has tenido una mala experiencia, no busques revancha con el mítico «Se van a enterar, no saben quién soy», es arrogante y abusivo. Quéjate de forma respetuosa y amable en privado. Existen muchos canales formales para expresar tu queja. Dejar a una persona o una empresa expuesta en redes es poco elegante. Además, puede que la mala experiencia que hayas tenido con ellos o el error que hayan cometido contigo sea algo puntual.

No condiciones la opinión o las decisiones de otra persona en función de tu experiencia puntual. Estás jugando con el salario y la vida de muchos profesionales.

SÉ COMPASIVO CON LOS ERRORES... TÚ TAMBIÉN TE EQUIVOCAS

Tú también cometes errores, como todos. Es frecuente ver continuas correcciones en las redes sobre faltas de ortografía, de expresión o puntualizaciones. Déjala botar. No puede ser que estés al acecho de aquello en lo que los demás se equivocan para demostrarles lo que ya sabemos: que somos imperfectos.

Antes de darle a enviarlo, revisa por favor tu mensaje, tu correo o tu comentario. Todo lo que escribimos desde el enfado, la injusticia, la frustración o la rabia tiende a ser dañino para el destinatario. Piensa: ¿Es eso lo que realmente quieres decir?

OJO CON EL CONSUMO EXCESIVO DE SERIES

Si el placer de ver tu serie favorita te genera más ansiedad que placer...

- Nutre tu vida de otras aficiones. Ver series no puede ser tu único *hobby*. Trata de compaginarlo con actividad física o alguna afición cultural o social. Si solo disfrutas con las series porque es la única afición que tienes, es normal que no quieras dejar de verlas.
- Ponte un límite de tiempo antes de empezar a ver una serie, por ejemplo, un capítulo por noche.
- Escucha a las personas que te quieren. Puede que tu pareja te diga que te acuestas demasiado tarde.
- Date de baja de la plataforma. Si tu consumo es algo parecido a una adicción y sientes que no tienes el control, desapúntate de la plataforma por un tiempo y trata de buscar nuevas aficiones.
- Cuida tus emociones. Ver series ayuda a olvidar la vida que no nos gusta; busquemos, más allá del olvido, otras maneras de revalorizar el regalo de la vida.
- No al *binge watching* (atracón de tele), sobre todo si estás solo. Tener toda la temporada disponible de una serie permite que puedas tirarte siete horas en el sillón y ver la temporada completa.

EL EXCESO DE INFORMACIÓN NOS QUITA SERENIDAD

Estar conectado tiene ventajas, pero también inconvenientes. La hiperconectividad nos tiene distraídos, ansiosos, con miedo, a veces nos da aliento, pero al rato nos desconcierta.

Para desconectar de la información, puedes:

- **Consultar fuentes de rigor**, desde la prensa que lees hasta las personas a las que sigues. Las fuentes de rigor requieren el respaldo científico.

- **No pierdas energía en discutir con todos los extremistas del WhatsApp.** Si dices en un chat que lo que están diciendo no es verdad, que está sacado de contexto, que la imagen que alguien ha subido no pertenece a nuestro sistema de salud sino al de otro país, varios de sus miembros se te tirarán a la yugular. Así que, por favor, elige tus batallas.

- **Silencia todo lo que te abrume o estrese.** Puedes silenciar las notificaciones y los chats, y cerrar las aplicaciones.

- **No compartas nada de lo que no tengas una certeza absoluta**, así no contribuirás a contaminar a los demás ni a crear desconcierto. A veces alguien dice: «Te lo prometo, esto lo sabe mi amiga porque se lo ha dicho el médico que trabaja en su centro de salud, que de verdad que está pasando» y eso también es mentira. Buscamos dar credibilidad a nuestros argumentos, pero esa credibilidad suele ser falsa. Nadie ha visto nada, por mucho que te lo juren y perjuren.

EPÍLOGO

El sentido de la vida

Desconozco cuáles son las directrices que te guían a lo largo del camino de tu vida. A unas personas les mueve el poder, a otras, el dinero, mantener un físico joven y bello, gozar de buena salud, estar en paz consigo mismas y con el entorno, la naturaleza... Todos tenemos algo que da sentido a lo que hacemos, algo que nos mantiene enfocados y comprometidos.

Encontrar ese sentido, para qué hacemos lo que hacemos, es tener un gran aliado. Porque todos necesitamos una explicación a nuestra existencia, a nuestra vida, a los cambios que acometemos y las decisiones que tomamos. Sin un «para qué», muchos de nuestros propósitos y cambios se quedarán abandonados en el camino. El para qué sentimos, hacemos o cambiamos algo justifica nuestro esfuerzo, nuestro compromiso, las renuncias y la disciplina. El sentido de la vida es básico para entender lo que hacemos y por qué lo hacemos. Y para poder convertirlo así en filosofía de vida, no en un mero cambio puntual.

El sentido de nuestra vida debe estar alineado con nuestros valores. Cada uno elige sus propios valores, no hay mejores ni peores.

Te animo a descubrir qué da sentido a tu vida. No es tan complicado. ¿Qué huella quieres dejar en los tuyos? ¿Qué acciones te definen como persona de bien? ¿Con qué te sientes comprometido? ¿Qué te da serenidad, paz? ¿Qué cuida de tus emociones? ¿Qué huella quieres dejar en la vida?

Los cambios son complicados. A menudo nos movemos por lo que los demás nos dicen que es bueno para nosotros, sin que nosotros estemos convencidos de ello.

Busca tu sentido. La gente te dirá: «Mujer, hacer ejercicio te fortalece los huesos, fija el calcio, te ayuda a perder peso, a sentirte mejor», pero puede que ninguno de estos motivos tire de ti. Busca el tuyo.

¿Por qué y para qué quiero empezar a practicar deporte o comer de forma distinta, o refinanciar mis deudas o usar un programa informático nuevo? Una paciente mía decidió vender su coche, lo utilizaba poco y le generaba muchos gastos: plaza de garaje, seguro, gasolina... Hizo un cálculo y decidió que cada vez que necesitara uno para desplazarse fuera de la ciudad lo alquilaría, el resto de los desplazamientos los haría andando o en transporte público. Nadie de su familia entendió su decisión, y le costó tomarla. Dar ese cambio suponía introducir otros, como hacer la compra por internet. Aun así, lo hizo porque encontró su sentido: ahorrar.

¿CUÁL ES TU PROPÓSITO?

Encontrar tu propósito en la vida es una de las cosas más importantes. Una investigación que se realizó en el Rush University Medical Center de Chicago concluyó que las personas que viven con un propósito y son coherentes con sus valores tienen menos síntomas depresivos y menor deterioro cognitivo a medida que envejecen, y son más longevas.

Hazte las siguientes preguntas:

- ¿Estoy viviendo como me gustaría vivir mi vida?
- ¿Actúo de acuerdo con mis valores?
- Y, lo más importante, ¿he dedicado tiempo a saber qué valores quiero honrar en mi vida?

¿QUÉ HUELLA TE GUSTARÍA DEJAR?

Me gusta plantearme esta pregunta a menudo. Me ayuda a enfocarme en mis valores y en lo importante de la vida: el amor en toda su extensión. La huella que queremos dejar es el recuerdo que va a perdurar en otras personas, cómo van a recordarnos, cómo hablarán o cómo hablan de nosotros cuando no estamos presentes.

No tiene que ver solo con el recuerdo que quedará de nosotros cuando ya no estemos aquí, sino también con qué recuerdan nuestros hijos cuando hablan de nosotros con sus amigos, cómo hablan de nosotros nuestros familiares o nuestros amigos cuando nosotros no estamos.

La idea de cómo deseamos que nos recuerden dirige y controla nuestro comportamiento, contribuye a que nos comportemos conforme a la persona que deseamos ser.

«Caminante, son tus huellas el camino y nada más. Caminante, no hay camino, se hace camino al andar. Al andar se hace el camino, y al volver la vista atrás se ve la senda que nunca se ha de volver a pisar» (Antonio Machado).

¿Dónde encontramos la satisfacción cuando hacemos algo?

- **En el propio placer de realizar la tarea.** A esto se le llama motivación intrínseca y es la motivación que más nos ayuda a ser perseverantes.
- **En el impacto positivo que tiene en los demás.** Nos motiva hacer cosas bonitas para los demás, esta es una fuente valiosísima de motivación.
- **En saber que cada paso te acerca al resultado final.** Pensar solo en el final, si está muy lejos, puede ser frustrante. Pero ir avanzando paso a paso puede mantener viva la motivación.
- **En el aprendizaje.** Somos curiosos, nos gusta aprender, nos estimula crecer.
- **En la propia superación.** ¿Cómo te sientes cuando ves que empiezas a tener habilidad en una nueva afición o un deporte en el que al principio eras «torpón»? Suele ser muy satisfactorio.
- **En poner el foco en lo que suma.**

HAZ LO CORRECTO

Muchas personas pregonan que ser bueno es ser tonto, o que hay que ser listo. Pero lo cierto es que vivir va de valores. Hacer lo correcto es importante para vivir una vida serena y digna. Una vida de la que te sientas orgulloso.

Hacer lo correcto es devolver lo sobrante cuando te han dado de más al devolverte el cambio, no colarse, no quedarte con lo que no es tuyo, aunque te lo encuentres tirado…

ESTABLECE PRIORIDADES

Tener claras las prioridades te ayuda a enfocarte en ellas. Tus prioridades suelen estar alineadas con tus valores, con tu propósito de vida. Y no siempre les prestamos el tiempo y la atención que merecen.

Vamos a realizar un sencillo ejercicio:

- **Haz una lista de todo aquello a lo que le dedicas tiempo.** Anótalo todo y, al lado de cada actividad, indica el tiempo que le dedicas.

- **Una vez hayas realizado la primera lista, escribe una segunda con tus prioridades.** Hazte la siguiente pregunta para facilitarte la tarea: ¿Qué es lo más importante en mi vida? Cuando la hayas escrito, ordena tus prioridades de la más importante a la menos.

- **Y, para finalizar, coloca una lista al lado de la otra, ¿coincide el tiempo que dedicas a cada cosa (lista uno) con las actividades que son importantes para ti (lista dos)?** Normalmente la gente se da cuenta de que pierde mucho tiempo en temas poco importantes para ellos y que a los relevantes de verdad no les dedica tanto tiempo como desearía. Darte cuenta de eso es el primer paso para empezar a cambiar.

Así que, escoge una de tus actividades prioritarias y empieza a organizarte para dedicarte a ella con más mimo y atención.

SUELTA LO QUE YA NO TIENE SENTIDO

La vida son ciclos, puede que las parejas tengan su ciclo, y el trabajo, también. Cuando algo no da para más, no lo fuerces, no quieras meter con calzador lo que ya no sientes ni se sostiene. Quizá una decisión que tomaste hace tiempo, tu lugar de residencia, tu trabajo, una afición, tuviera sentido en aquel momento, te satisficiera, pero ahora no. Lo que tenía sentido y valor para nosotros en la adolescencia, por ejemplo, ha dejado de tenerlo.

En la vida adulta también cambiamos. Deja marchar lo que puedes soltar si ahora carece de sentido en tu vida. Igual ya no te apetece seguir coleccionando algo, guardando recuerdos que antes te producían una bonita nostalgia, un hábito en el trabajo, incluso tu forma de vestir o tu filosofía a la hora de alimentarte.

Yo pasé meses siendo vegana hasta que me di cuenta de que mi cuerpo no lo encajaba bien, no me sentía sana. Entonces abandoné mi filosofía a la hora de alimentarme, dejé que se marchara. Al resentirse mi salud, dejó de tener sentido para mí.

Cierre

No nos engañemos. No todos podemos vivir una vida serena veinticuatro horas al día siete días a la semana. Y tampoco sería funcional ni adaptativo, porque cada una de nuestras emociones tiene una misión. Las emociones nos permiten analizar y tomar decisiones respecto a nuestra vida. Si no tuviéramos la capacidad de sentir celos, igual un día nos llevaríamos una sorpresa al volver a casa antes de lo previsto. O si no fuéramos capaces de sentir un poco de tensión, puede que no resolviésemos igual de bien una prueba o un examen importantes.

La finalidad de estas páginas no es que entres en modo zen como si el mundo que te rodea no fuera capaz de alterarte. Este libro y sus ejercicios no te inmunizarán emocionalmente ante los problemas, la incertidumbre o los miedos. Pretendo que sigas siendo un ser humano con capacidad para disfrutar y sufrir cuando la situación lo requiera. Este libro es una propuesta, bueno, son 365 propuestas que te ayudarán a encontrar serenidad dentro de esta vida que a veces se complica y nos acelera, nos tensa, nos presiona, nos exige, nos frustra… Tal vez incluso encuentres más propuestas de cómo vivir con serenidad a pesar de que tu vida ya esté en calma y equilibrio. Tampoco tienes que tratar de relajarte si decides no hacerlo. Pero ahora tienes la opción de vivir con más serenidad en situaciones en las que, a falta de herramientas, podemos sentirnos desbordados y sin control.

La ansiedad mantenida a lo largo del tiempo es tremendamente perjudicial para la salud mental y física. Estos últimos años complicados han sido la guinda del pastel. Han puesto patas arriba la salud mental de todos: depresión, ansiedad, soledad, fatiga mental, miedo, duelo, estrés postraumático... España se halla a la cabeza del consumo de psicofármacos desde hace muchos años. Y no es que tengamos estilos de vida aburridos, solitarios, o que nos acompañe una climatología adversa. No. Más bien se debe a que vivimos sobrepasados, a un ritmo que no es natural, sin tiempo para educarnos en prácticas psicológicas que nos ayuden a modular nuestras emociones. Nos falta tiempo y vitalidad. Andamos agotados y sobrepasados.

Espero que en este libro encuentres calma cuando la necesites. Deseo que pase a formar parte de tu autocuidado. Prestarte atención, conectar contigo, escuchar las señales es una manera de prevenir las consecuencias de un estilo de vida perjudicial o de un cúmulo de estresores a los que no siempre sabemos hacer frente.

Si lo deseas, puedes compartir con mi comunidad de seguidores lo que vayas experimentando. Y tal vez entre todos podamos motivarnos para vivir más tranquilos.

PATRICIA

Agradecimientos

La gratitud es uno de mis valores. Me siento una persona agradecida. Una vez hablaba con Fina, una de mis amigas del alma, y le comentaba que me sentía muy afortunada, que no sabía si merecía tanta cosa buena como tenía. Y ella, que es muy directa y clara, me dijo «Has tenido tan mala suerte en la vida, que no te queda vida suficiente por delante para recuperar todo lo bueno que te mereces».

Y es que a mí las cosas malas se me olvidan. Tengo una memoria selectiva muy optimista, y eso me permite seguir sintiendo lo dichosa que es mi vida y toda la dicha de la que disfruto a mi alrededor. Así que solo tengo palabras de agradecimiento para las personas maravillosas que hacen mi vida bonita, amorosa y fácil. Mi equipo de trabajo, Carla, Pepe, Laura, Belén, Antonio, María, Ana, Veruska, Rita, el equipo de psicólogas más un psicólogo que asisten con amor y devoción a tanta gente que nos pide ayuda a través de las sesiones online.

Gracias a todos mis seguidores, mujeres y hombres bonitos, entrañables, vulnerables, como somos todos, que con su agradecimiento me inspiran cada día.

Gracias a mis editores, Carlos y Alba, que sois amor. Y a todos los que dais forma a mi contenido y conseguís que este libro llegue a tanta gente.

Y mil gracias a mi familia y mis amigos, pilares en mi vida. Siempre dando apoyo y facilitando que toda esta maquinaria de casa, trabajo, estudios se coordine y salga adelante.

«**Para viajar lejos no hay mejor nave que un libro**».

Emily Dickinson

Gracias por tu lectura de este libro.

En **penguinlibros.club** encontrarás las mejores recomendaciones de lectura.

Únete a nuestra comunidad y viaja con nosotros.

penguinlibros.club

 penguinlibros